Klaus Walch

Mauern überspringen

Miriam Verlag

1. Auflage Februar 2009

Alle Rechte der deutschen Ausgabe liegen beim
Miriam-Verlag • D-79798 Jestetten
www.miriam-verlag.de

Satz & Druck: Miriam-Verlag
Printed in Germany

ISBN 978-3-87449-360-4

Inhaltsverzeichnis

Einleitung 6
Die Inhaftierung 8
Warum Sorge um Inhaftierte? 11
Die Initiative 12
Die Einzelbetreuung 21
Die Gespräche 26
Reflexionen 38
Die Besuche 40
Schuld, Reue, Sühne 47
Warum werden Menschen straffällig? 50
Was bleibt? 57
Einzelschicksale 58
  Henry aus Nigeria 59
  Thomas aus Deutschland 62
  Mike, US-Amerikaner 64
  Giorgio, ein US-Amerikaner 66
  David, britischer Staatsbürger 69
  Chantri, Indien 71
  Herald, US-Amerikaner 75
  Ben aus Nigeria 76
  Alexander aus Deutschland 77
  Xui aus der Volksrepublik China 79
  Joseph, staatenlos 81
  Ata, Türke 82
  William, US-Amerikaner 84
  Kevin, Australien 91
  Und viele andere Häftlinge 92

Vorwort

„Mit meinem Gott überspringe ich Mauern ..."
(Ps 18,30)

Der ganze Bereich des Strafvollzugs ist für die meisten Menschen – auch für Christen – eine Welt, von der sie wenig wissen und mit der sie in der Regel nichts zu tun haben. Als Christen jedoch können wir jene nicht ignorieren, die am Rand der Gesellschaft stehen bzw. aus der Gesellschaft ausgestoßen worden sind.

Zwischen den Inhaftierten und denjenigen, die „draußen" leben, ragen hohe Mauern. Es sind nicht nur physische Mauern, sondern auch Mauern in den Herzen der Menschen. Diese Mauern zu überspringen, ist eine Herausforderung für beide Seiten.

Der Dienst der Kirche hinter Gittern ist vielfältig, und der Ansporn für Mitarbeiter in der Gefängnisseelsorge und im Besuchsdienst ist das Beispiel Jesu selbst. Jesus lädt uns alle, die wir ihm nachfolgen, dazu ein, sein Joch auf uns zu nehmen und von ihm zu lernen, denn er ist gütig und von Herzen demütig (Mt 11,29). In dieser Haltung ist Jesus auf Randständige zugegangen, hat Sünder nicht ausgestoßen, sondern war bereit, ihre Schuld auf sich zu nehmen. Jesus selbst starb den Tod eines straffällig Gewordenen, rechts und links umgeben von zwei zum Tode Verurteilten. Einem von ihnen, der Reue zeigte und

Vergebung suchte, versprach Jesus das Paradies (Lk 23,43).

Der Autor dieses Buches, Klaus Walch, berichtet von seinem Wirken hinter den Mauern, vom Dienst an Mitmenschen, die am Rand der Gesellschaft stehen, die sich oft einsam, verletzt, verzweifelt, unverstanden und abgestempelt fühlen. Sie kommen durch den Gefängnisaufenthalt in eine akute Krise, in tiefe Existenzängste und oft in eine peinliche Beziehungsproblematik hinein. In dieser Situation ist die Unterstützung durch Menschen, die nicht mit der Institution Gefängnis verkettet sind, unbedingt notwendig, ja, die biblische Botschaft fordert das geradezu.

In seinem Buch gibt uns Klaus Walch einen guten Einblick in die Gefängniswelt und zeigt auf, wie offen und dankbar viele Strafgefangene für den Besuchsdienst und die Gespräche sind. Gleichzeitig wird deutlich, wie notwendig unser Gebet für die Gefangenen, aber auch für alle im Strafvollzug Beschäftigten ist. Gefangene zu besuchen, ist eines der sieben Werke der Barmherzigkeit. Sich aktiv oder im Gebet für Opfer, aber auch Täter, einzusetzen, erfordert barmherzige Augen, Ohren und Lippen und ist sowohl Herausforderung als auch Chance, die eigenen Schattenseiten zu erkennen und in Demut und Heiligkeit zu wachsen.

Pfr. Rolf Maria Reichle, Rheinau CH
Leiter der kath. Gefängnisseelsorge im Kanton Zürich

Einleitung

Jeder Mensch besitzt Würde; ich sehe in ihm das Ebenbild Gottes. Warum des Menschen „Gesicht" oft so entstellt ist, weiß nur Gott. Vielleicht will Gott uns prüfen, die uns gegebene Freiheit herausfordern ...

„Dann sprach Gott: Lasst uns Menschen machen als unser Abbild, uns ähnlich ... Gott schuf also den Menschen als sein Abbild; als Abbild Gottes schuf er ihn" (Gen 1,26;27).

„Wenn der Menschensohn in seiner Herrlichkeit kommt und alle Engel mit ihm, dann wird er sich auf den Thron seiner Herrlichkeit setzen. Und alle Völker werden vor ihm zusammengerufen werden, und er wird sie voneinander scheiden, wie der Hirt die Schafe von den Böcken scheidet. Er wird die Schafe zu seiner Rechten versammeln, die Böcke aber zu seiner Linken. Dann wird der König denen auf der rechten Seite sagen: Kommt her, die ihr von meinem Vater gesegnet seid, nehmt das Reich in Besitz, das seit der Erschaffung der Welt für euch bestimmt ist. Denn ich war hungrig, und ihr habt mir zu essen gegeben; ich war durstig, und ihr habt mir zu trinken gegeben; ich war fremd und obdachlos, und ihr habt mich aufgenommen; ich war nackt, und ihr habt mir Kleidung gegeben; ich war krank, und ihr habt mich besucht; ich war im Gefängnis, und ihr seid zu mir gekommen" (Mt 25;31-36).

Ich möchte Christ sein und eine der Hauptaussagen der christlichen Botschaft ist, dass sich der Mensch von der Gesinnung der Liebe zu Gott und zu den Menschen als seinen Brüdern und Schwestern leiten lassen soll, da Gott selbst die Liebe ist:

„Amen, ich sage euch: Was ihr für einen meiner geringsten Brüder getan habt, das habt ihr mir getan" (Mt 25,40).

Die Inhaftierung

Eine wesentliche Aufgabe des Staates ist der Schutz der Bürger auch voreinander. Menschen, die Rechte anderer Menschen verletzen, werden vom Staat und seinem Rechtssystem verfolgt. Jeder von uns kann, zumindest theoretisch, eines Tages in ein Gefängnis kommen. Kaum wahrnehmbar ist oft die Grenze zwischen gerade noch Erlaubtem und einer strafbaren Handlung. Manch einer denkt auch an das Sprichwort: Wo kein Kläger, da kein Richter. Und dann gibt es doch einen Kläger und man steht vor einem Richter. Am falschen Ort, zur falschen Zeit, ein Missverständnis – und man findet sich im Gefängnis wieder. Unschuldig oder schuldig, im Untersuchungsgefängnis kann man lange darüber nachdenken. Doch zum Glück haben wir ein Rechtssystem, bei dem es selten vorkommt, dass unschuldige Menschen inhaftiert werden.

Begründeter Verdacht mit der Annahme von sogenannter Fluchtgefahr genügt zum Vollzug einer Untersuchungshaft. In der Regel geschieht die Verhaftung durch die Polizei überraschend, und der Verhaftete findet sich plötzlich von einer Stunde zur anderen in einer Zelle eingeschlossen und von seinen gewöhnlichen Lebensverhältnissen ausgeschlossen. Wenn man dann keine Freunde oder Verwandte hat, verdirbt das Essen im Kühlschrank, das Haustier wird nicht gefüttert, niemand verständigt den Arbeitgeber, zahlt dringend fällige Rechnungen, gießt die Blumen, leert den Briefkasten. Das Auto steht plötzlich irgendwo auf der Straße ... Man erhält einen Anwalt, eventuell vom Staat bezahlt, und es dauert Tage, ja Wochen, bis all die oben genannten Dinge geregelt worden sind. Dann erst ist es auch gelungen, Verwandte oder Freunde über die Inhaftierung zu informieren.

Wenn man in das Gefängnis eingeliefert wird, bekommt man erst einmal fast alles abgenommen, was man gerade bei sich hat. Man erhält die Anstaltsordnung, die einen darüber informiert, wie man sich in der Anstalt zu verhalten hat. Während der Untersuchungshaft geht jegliche Post, ausgehende wie hereinkommende, über den Tisch der Justizbehörde. Mitteilungen an Freunde und Verwandte benötigen so oft ein bis zwei Wochen, bis der Empfänger sie erhält. Telefonanrufe sind nur auf Antrag und sehr restriktiv möglich.

Man sitzt nun in seiner Zelle, die nicht viel größer als ein durchschnittliches Badezimmer ist, manchmal allein oder auch mit einem oder mehreren Leidensgenossen zusammen, und hat wenig Tageslicht. Man ist voller Sorge, was auf einen zukommen mag, wie sich der Freundes- und Bekanntenkreis verhält, was mit der Arbeitsstelle geschieht. Was passiert wegen all der geplatzten Verabredungen und Pläne? Man kann nichts mehr „zurechtrücken", niemanden anrufen. – Für die meisten Inhaftierten wahrlich eine traumatisch zu nennende Situation.

Der nächste Morgen kommt, langsam wird einem klarer, in welcher Situation man sich befindet. Den üblichen kleinen Gewohnheiten muss man entsagen, es gibt nicht den gewohnten Kaffee, keine Zeitung, nicht das gewohnte Frühstück, vielleicht auch keine Zigarette. Im Gefängnis ist alles reglementiert. Die Untersuchungshaft kann Monate dauern.

Wir sollten bei dieser Betrachtung nicht das soziale Umfeld des Inhaftierten vergessen, auch Verwandte und Freunde sind betroffen. Sie machen sich Sorgen, sind vielleicht beschämt oder wenden sich ab. Oft zerbrechen in den ersten Tagen nach der Inhaftierung die ersten sozialen Beziehungen. Je länger die Haft dauert, um so mehr Freunde und Verwandte wenden sich von dem Häftling ab. Ehen und andere Beziehungen zerbrechen, das ist meine Erfahrung, oft schon nach relativ kurzer Zeit.

Besuche sind nur auf Antrag und selten möglich. Wenn sie bewilligt werden, dann nur eingeschränkt zu bestimmten Zeiten und von kurzer Dauer. Gespräche mit dem Gefangenen werden genau beobachtet und überwacht. – Der Gefangene ist sehr isoliert.

Ein Gesichtspunkt, der bei Betrachtungen über Gefangene leicht übersehen wird, soll nicht unerwähnt bleiben: die Opfer. Bei Straftaten gibt es immer Opfer und deren Angehörige und Freunde. Über deren Traumatisierungen und Verluste gibt es viele Berichte und eine umfangreiche Literatur, auf die ich verweisen möchte.

Warum Sorge um Inhaftierte?

Die eingangs zitierten Stellen aus der Bibel erklären dem Leser vielleicht, mit welcher Motivation man als Christ eine ehrenamtliche Tätigkeit im Gefängnis ausübt. Die Opfer von Straftaten haben in der Regel das Mitgefühl der Gesellschaft auf ihrer Seite, so gibt es für sie diverse Einrichtungen der Opferhilfe – Täter hingegen werden von der Gesellschaft ausgegrenzt, bestraft. Dies ist natürlich für ein gedeihliches Zusammenleben wichtig, vergessen wird aber meist, dass auch ein Täter ein Mitmensch und Gottes Geschöpf ist. Er hat gefehlt, wie auch wir alle fehlen können. Er hat etwas getan, zu dem auch wir oft in Gedanken fähig wären. Richtiges Verhalten und Fehlverhalten liegen dicht beieinander.

Bedeutet eine vom Gericht verhängte Strafe nun Buße, Rache, Abschreckung oder alles zusammen? Verhindern Gefängnisse und das Wegschließen weiteres Fehlverhalten, dient dies der Resozialisierung? Darüber wird diskutiert, und eine umfangreiche Literatur zeigt die Vielfalt der Ansichten.

Ich wage an dieser Stelle kein Urteil, und möglicherweise gibt es zu diesen Fragen auch keine eindeutige Antwort. Überzeugt bin ich allerdings, dass es in unserem irdischen Leben keine wirkliche Gerechtigkeit und Wiedergutmachung gibt. Dies sollte man dem Herrgott überlassen. Als Christ bin ich dazu aufgerufen, auch im Gefangenen einen Mitmenschen zu sehen, der in der Gefängnissituation meist isoliert und ohne Zuspruch leben muss. Verurteilung und Vollstreckung des Urteils überlasse ich den dafür vorgesehenen gesellschaftlichen Institutionen, d. h. der Polizei, den Gerichten und den Justizvollzugsbehörden. Ich hoffe, dass diese nach bestem Wissen und Gewissen handeln, ich beurteile ihre Arbeit nicht und betrachte in meinen Gesprächen mit den Gefangenen die Haft als gegebene Tatsache. Mit dem Gerichtswesen zu verhandeln, Gerichtsurteile zu beurteilen u. ä. überlasse ich den Rechtsanwälten.

Die Initiative

Vor etwas mehr als zehn Jahren erschien im Mitteilungsblatt meiner Gemeinde, der englischsprachigen katholischen Gemeinde in Frankfurt am Main, die Notiz unseres Pfarrers, mit der er an die Gemeindemitglieder appellierte, sich einer Initiative anzuschließen, die sich um englischsprachige Gefangene kümmert, welche ohne Freunde und Verwandte in der Bundesrepublik in Gefängnissen sind.

Mit einigen anderen Gemeindemitgliedern ging ich eines Abends zu einem Treffen dieser Gruppe. Etwas mehr als ein Dutzend Frauen und Männer waren in einem Raum versammelt. Wie sich herausstellte, gehörten sie unterschiedlichen christlichen Kirchen an. Initiiert und geleitet wurde die Gruppe von einer amerikanischen methodistischen Bischöfin, deren Aufgabengebiet in der Betreuung englischsprachiger Methodisten in ganz Westeuropa lag. Die Betreuung von Gefangenen, so lernte ich, ist ein wesentliches Anliegen der Methodisten.

Die Treffen fanden einmal im Monat statt. Die Bischöfin war auf Grund ihrer Verpflichtungen oft auf Reisen. War sie abwesend, wurde die Gruppe von einem der Gruppenmitglieder geleitet. Gespräche in der Gruppe drehten sich verständlicher Weise ausschließlich um die Arbeit der einzelnen Gruppenmitglieder in Gefängnissen des Rhein-Main-Gebietes und über Kontakte zu anderen Gruppen der Gefangenenhilfe überall in der Welt. Unsere Zielgruppe waren englischsprachige Gefangene ohne Außenkontakte.

Die Arbeit der Mitglieder gliederte sich, vereinfacht ausgedrückt, in vier Bereiche: Korrespondenz, Paketaktionen, Bibelstunden für Gruppen und Einzelgespräche im Gefängnis. Eine Betreuung nach der Entlassung war nicht Ziel der Gruppe und sollte den staatlichen Stellen bzw. entsprechend organisierten Gruppen überlassen bleiben. Die Aktivitäten im Gefängnis fanden in Anbindung an die evangelische und katholische Gefangenenseelsorge statt. Als Neuling in der Gruppe empfahl man mir, zunächst einmal mit einigen Gefangenen zu korrespondieren. Ich erhielt einige Adressen und gleichzeitig einen kleinen Katalog mit Empfehlungen zum Umgang mit Gefangenen; es waren dies Hinweise über Dinge, die man vielleicht in der Korrespondenz ansprechen oder vermeiden sollte. Auch wurde empfohlen, nie mit dem vollen Namen und der Privatadresse zu arbeiten und stattdessen die Adresse der Methodisten anzugeben. Denn jahrelange Erfahrung hatte gezeigt, dass einige Gefangene Namen und Adressen missbrauchen. Nicht alle Gefangenen schätzen wirklich die Aktivitäten eines christlichen Ehrenamtlichen.

Das private Risiko ist bei sogenannten „gewöhnlichen" Kriminellen noch nicht einmal besonders hoch. Diese sind meist dankbar für den brieflichen Kontakt oder einen Besuch. Riskant wird es eher bei psychisch instabilen Gefangenen oder bei denen, die landläufig als „Psychopathen" bezeichnet werden – bei diesen empfiehlt sich eine gewisse Anonymität. Auch wird angeraten, dass Männer nur mit Männern und Frauen nur mit Frauen korrespondieren sollen.

Ich begann nun meine Korrespondenz – mit Briefpartnern aus den unterschiedlichsten Ländern. Nicht alle waren mit Englisch als Muttersprache aufgewachsen, es reichte aber für die Korrespondenz.

Nach einigen Monaten lud mich ein Gruppenmitglied ein, mit ihm eine Bibelstunde in der Justizvollzugsanstalt (JVA) Weiterstadt zu leiten. Wir trafen uns vor der JVA auf dem Parkplatz, und mein erster Besuch in einem Gefängnis sollte beginnen.

Nach sorgfältiger Einlasskontrolle und Abgabe des Passes betraten wir das Gefängnis. Die JVA

Weiterstadt war erst vor kurzer Zeit eröffnet worden und alles schien relativ hell und neu. Doch waren die Glasscheiben besonders dick und alle paar Meter waren Gitter und schwere Türen, die jedes Mal geöffnet und wieder verschlossen wurden. Ich will nicht verheimlichen, dass ich mich trotz des Lichtes, das durch die dicken Glasfenster einfiel, unwohl und eingesperrt fühlte. Seit nun mehr als zehn Jahren habe ich bei jedem Besuch das gleiche Gefühl. Das Gefängnis ist ein schrecklicher Ort.

Die JVA Weiterstadt ist in verschiedene Häuser gegliedert, die durch einen glasüberdachten, endlos scheinenden Gang verbunden sind. Ein Bediensteter in Uniform holte uns aus dem Eingangsbereich ab und brachte uns in das sogenannte G-Haus, in dem es einen Gemeinschaftsraum gab. Ich habe die Türen, die vor uns auf- und hinter uns zugeschlossen wurden, nicht gezählt. Der Gemeinschaftsraum barg einen Schrank, eine Tafel, Tische und Stühle. Offenbar diente er gelegentlich zu Unterrichtszwecken. Große, dick verglaste Fenster ließen in einen kleinen, mit Pflanzen bewachsenen Innenhof blicken, in dem die Gefangenen des G-Hauses ihre Freistunde verbringen durften. Der Bedienstete wies uns an, in dem Raum zu warten, bis die Gefangenen, denen es erlaubt war, an der Bibelstunde teilzunehmen, von den einzelnen Häusern gebracht worden wären. „Zugeführt", sagte er dazu. Dann schloss er die dicke Tür ab und wir waren eingesperrt.

Wir warteten etwa zwanzig Minuten, dann wurde die Tür geöffnet und die ersten Gefangenen traten ein. Sie trugen alle die blaue Gefängniskleidung. Die Tür wurde wieder geschlossen und nach einer Weile kamen die nächsten Gefangenen. Dies wiederholte sich noch ein, zwei Mal. Dann war die Gruppe vollständig. Wir hatten eine Namensliste mit Angabe der Nationalität und des jeweiligen Hauses, in dem der Gefangene untergebracht war. Insgesamt waren etwas mehr als ein Dutzend Häftlinge zusammengekommen. Sie alle nahmen an den Tischen Platz, wir stellten uns kurz mit unseren Vornamen vor und eröffneten die Bibelstunde mit einem Gebet. In dem Schrank befanden sich englischsprachige Bibeln; diese wurden ausgegeben und wir lasen gemeinsam einen Psalm. Vor allem der Psalm 32 spricht viele Häftlinge direkt an:

„[Von David. Ein Weisheitslied.] Wohl dem, dessen Frevel vergeben und dessen Sünde bedeckt ist. Wohl dem Menschen, dem der Herr die Schuld nicht zur Last legt und dessen Herz keine Falschheit kennt. Solang ich es verschwieg, waren meine Glieder matt, den ganzen Tag musste ich stöhnen. Denn deine Hand lag schwer auf mir bei Tag und bei Nacht; meine Lebenskraft war verdorrt wie durch die Glut des Sommers. [Sela] Da bekannte ich dir meine Sünde und verbarg nicht länger meine Schuld vor dir. Ich sagte: Ich will dem Herrn meine

Frevel bekennen. Und du hast mir die Schuld vergeben ..."

Wie die meisten Menschen neigen Häftlinge dazu, ihre eigene Schuld zu verdrängen, die Haft wird empfunden als Ungerechtigkeit, Unglück, Irrtum oder als ein Missverständnis. Schuld haben die Polizei, die Staatsanwälte oder die Richter. Ganz tief im Inneren aber wissen die meisten Häftlinge, dass sie gefehlt haben, und das belastet sie, vielleicht auch unbewusst.

Nach dem Lesen sprachen wir über den Psalm und diskutierten über Themen wie Befreiung von Schuld, Sühne und Vergebung. Viele der Anwesenden nahmen interessiert daran teil. Im Hintergrund gab es allerdings einige Häftlinge, die sich andauernd leise miteinander unterhielten.

Diese Privatgespräche nahmen allmählich zu. Auch wurde das biblische Thema von Gesprächen über Einzelschicksale verdrängt. Am Ende der Stunde wurde die Veranstaltung mit einem Vaterunser geschlossen und die Gefangenen wieder in ihre jeweiligen Häuser gebracht. Mir wurde klar, dass der christliche Ansatz unseres Bemühens zwar generell geschätzt, das Bedürfnis nach privaten Gesprächen aber stärker war. Schließlich kamen die meisten Gefangenen aus verschiedenen Häusern und hatten somit nie Gelegenheit, miteinander zu sprechen. Viele kannten sich oder waren Landsleute.

Für den Besuch der Bibelgruppe mussten die Gefangenen einen Antrag, ein sogenanntes „Anliegen" ausfüllen. Wenn keine Sicherheitsbedenken bestanden, wurde ein solches Anliegen meist genehmigt. Gab es aber „Vorkommnisse" mit dem Gefangenen, konnten diese Vergünstigungen jederzeit gestrichen werden. Dieses Verfahren wird für alle Veranstaltungen wie Sprach-, Computer-, Mal- und Kunstkurse usw. angewendet – ja, sogar auch für den sonntäglichen Gottesdienst, der in der Regel abwechselnd von einem evangelischen oder einem katholischen Geistlichen gehalten wird.

Unsere Bibelgruppe fand wöchentlich statt und wurde abwechselnd von einem anderen Mitglied unserer Initiative geleitet. Nach kurzer Zeit übernahm ich ein- oder zwei Mal im Monat selbständig die Leitung einer Gruppe.

Zwischenzeitlich musste ein britischer Teilnehmer unserer Gefangenenhilfsgruppe aus beruflichen Gründen zurück nach Großbritannien. Er hatte für viele Monate einen zu einer lebenslänglichen Haft verurteilten US-Amerikaner in der JVA Butzbach betreut und bat mich, diese Einzelbetreuung weiterzuführen. Mittlerweile hatte ich für die JVA Weiterstadt den offiziellen Status eines „Ehrenamtlichen" erhalten. Dazu bedurfte es eines polizeilichen Führungszeugnisses, einer umfangreichen Belehrung über Verhaltensweisen und vieler Unterschriften unter diversen Verpflichtungen. Nach einigen Telefonanrufen konnte ich diesen Status auch auf die JVA Butzbach übertragen lassen. Einem Besuch bei dem US-Amerikaner stand nun nichts mehr im Wege.

Bei diesem handelte es sich um einen Afroamerikaner, der wegen dreifachen Mordes an seiner Familie eine lebenslängliche Freiheitsstrafe zu verbüßen hatte. Zwei Jahre war er schon in der JVA Butzbach und freute sich, als ich ihm versprach, ihn einmal im Monat zu besuchen; er hatte sonst niemanden, der ihn besuchen kam. Im Vergleich zur JVA Weiterstadt ist die JVA Butzbach eine alte Haftanstalt. Ende des neunzehnten Jahrhunderts, zur Kaiserzeit, eingeweiht, hat sie schon manchen Gefangenen erlebt und hatte früher die Funktion eines Zuchthauses. Der rote Backsteinbau und die kellerartigen Zellen wirken trotz mehrerer Versuche, Licht herein zu lassen, immer noch düster. Das gleiche gilt für die Gänge und die gitterartigen Treppenfluchten.

Sowohl in die JVA Butzbach wie auch in die JVA Weiterstadt komme ich gelegentlich nicht ohne Probleme, trotz meiner Registrierung als Ehrenamtlicher. Vielen Wachhabenden in der Eingangskontrolle bin ich bekannt, und der Durchgang und die Kontrollen finden zügig und freundlich statt. Manchmal aber, wenn Beamte Dienst haben, die einen ehrenamtlichen Mitarbeiter grundsätzlich nicht mögen, vielleicht auch schlechte Laune haben oder ganz neu in dieser Aufgabe sind und die Vorschriften ganz restriktiv auslegen, kann es ausgesprochen frustrierend sein, die Eingangskontrolle über sich ergehen lassen zu müssen. Dann heißt es plötzlich: „Schuhe ausziehen", obwohl ich für meine Gefängnisbesuche vorsorglich schwarze Plastikschuhe ohne Metall-Ösen trage. Dann will man mir plötzlich meinen aus Metall gefertigten Kamm abnehmen, ein anderes Mal heißt es, ich hätte zu viel Geld in der Brieftasche oder die mitgebrachten christlichen Devotionalien (Kreuz, Rosenkranz) erregen Misstrauen.

Besonders amüsant sind entweder ganz naive oder besonders neugierige und freche Beamte, die die ihnen im Augenblick der Kontrolle zugewachsene Machtposition zu ihrer Unterhaltung missbrauchen. Details in meinem Taschenkalender finden dann ihr Interesse und dienen ihnen zur Erheiterung, Photos aus der Brieftasche werden mit großem Interesse betrachtet und kommentiert. Man zählt dann auch gerne mein Papiergeld im Portemonnaie und stellt Vermutungen über mein Einkommen an. Manchmal wird auch die Qualität meines Kugelschreibers oder meine Armbanduhr begutachtet. Wenn man mich dann aber noch im Vorraum „vergisst" und ich lange warten muss, bedarf es großer Selbstbeherrschung, um sich nicht lauthals zu beschweren, denn beim nächsten Besuch mag ja derselbe Beamte Dienst tun und dann wird es noch mühsamer, das Gefängnis zu betreten. Zum Glück sind diese Vorkommnisse Ausnahmen.

Sowohl in Butzbach als auch in Weiterstadt finden

die Einzelgespräche in besonderen Gesprächszimmern, die sich im Eingangsbereich befinden, statt. Diese Gesprächszimmer werden vorwiegend von Anwälten benutzt, die dort ihre inhaftierten Klienten sprechen. Ein Bediensteter bringt den Gefangenen und holt ihn nach dem Gespräch wieder ab. Manchmal, wenn alle Sprechzimmer belegt sind, führt man mich in dem Zellentrakt in eine freie Zelle, in der ich dann den Gefangenen sprechen kann.

Die Einzelbetreuung

Die regelmäßige Bibelstunde wurde zu einem Problem: Die Anstalt sah sich eines Tages nicht mehr in der Lage, den personalaufwendigen Dienst der Zuführung von Gefangenen aus den verschiedenen Häusern in einen zentralen Raum zu leisten. Es hieß, unsere Gruppe könne die Bibelstunde zukünftig nur abwechselnd in einem der Häuser durchführen. Es würden dann allerdings nur Gefangene teilnehmen können, die in dem jeweiligen Haus untergebracht waren. Da in der Regel in den einzelnen Häusern nur ein bis fünf Gefangene einsaßen, die zwar Interesse gezeigt hatten, jedoch unregelmäßig teilnahmen, beschloss die Gruppe, die englischsprachige Bibelstunde aufzugeben. Hinzu kam, dass die Anzahl englischsprachiger Gefangener tendenziell abnahm. Ein Gruppenmitglied, des Spanischen mächtig, hielt noch in unregelmäßigen Abständen in einem der Häuser eine Bibelstunde für die recht große Anzahl Spanisch sprechender Gefangener, die vorwiegend aus Süd- und Mittelamerika kamen.

Ich habe mich damals für die regelmäßige Einzelbetreuung von Gefangenen entschieden und fahre seitdem fast wöchentlich in das Gefängnis, um Einzelgespräche mit Gefangenen zu führen. Einige der mir bekannten Ehrenamtlichen versuchten, die Betreuung von Gefangenen auch über die Entlassung hinaus auszudehnen oder sich um Familienangehörige der Inhaftierten zu kümmern. Sicherlich eine christliche Aufgabe, leider jedoch sind derartige Bemühungen als Einzelperson mit beschränkten Ressourcen meist in irgendeiner Form zum Scheitern verurteilt, Teilerfolge bilden die große Ausnahme. Die Problemfelder sind so umfangreich und unüberschaubar und für den einzelnen Laien kaum zu meistern. Der Umgang mit den verschiedenen Behörden, Wohnungs- und Arbeitssuche, gesundheitliche Probleme des Entlassenen, die Gefahr des Rückfalls, sein gesellschaftlicher Umgang etc. überfordern den Einzelnen. Dazu bedarf es professioneller Hilfe durch staatliche Stellen und private Initiativen, die über entsprechende Erfahrungen und Kontakte verfügen, einem entlassenen Gefangenen zu helfen, wieder in der Gesellschaft Fuß zu fassen. Und das ist nicht immer einfach.

Ich beschränke mich auf die christliche Begleitung der Inhaftierten in Einzelgesprächen. Dabei versuche ich, möglichst nahe an der katholischen Gefängnisseelsorge zu arbeiten. Es werden mir Menschen von den im Gefängnis beschäftigten Sozialarbeitern und den Gefängnisgeistlichen genannt, die praktisch ohne Außenkontakte sind und die den Wunsch ausdrücken, auch über religiöse Themen sprechen zu wollen.

In Weiterstadt sind es meist Menschen, die zum ersten Mal inhaftiert sind. Plötzlich sind sie eingesperrt, haben keine Außenkontakte, manchmal gibt es sprachliche Schwierigkeiten, bei Ausländern begegnet man oft einem Unverständnis des deutschen Rechtssystems. Sie leiden unter der Ungewissheit ihrer Zukunft, sind verzweifelt, leiden unter Depressionen und bekommen vom Anstaltsarzt Psychopharmaka verabreicht. Sie haben einen anderen kulturellen Hintergrund, z. B. andere Essgewohnheiten, und der Umgang mit den Mitgefangenen ist nicht immer konfliktfrei.

In Butzbach z. B. erfahre ich deshalb oft, dass sich so etwas wie geschlossene landsmannschaftliche Gruppen bilden. Diese schotten sich gegen andere Gruppen ab und versuchen, sich gegenseitig zu unterstützen. Wenn man nicht dazu gehört, hat man es schwer. Da gibt es die Albaner, die Russen, die Türken etc.! Es bedarf einer starken Persönlichkeit, die Gefängniszeit unbeschadet zu überstehen

In der JVA Weiterstadt und auch in Butzbach ist die überwiegende Anzahl der Häftlinge ausländischer

Herkunft. Viele haben keine Freunde und Verwandte in der Bundesrepublik, sie haben einen vom Staat bezahlten Pflichtverteidiger, der ihre Angelegenheiten oft mehr schlecht als recht regelt. Einige schämen sich ihres Gefängnisaufenthaltes und lehnen es ab, wenn man vorschlägt, ihre Familie im Ausland zu benachrichtigen. So sind sie für ihre Verwandten schlichtweg in der Bundesrepublik verschollen.

Bei Drogendelikten ahnt man vielleicht ihren Verbleib. Meist sind diese Gefangenen Drogenkuriere, die am Flughafen erwischt wurden und nun mit längeren Freiheitsstrafen in der Bundesrepublik rechnen müssen. Sie wollten wohl nur „auf die Schnelle" eine Flugreise machen, für einige tausend Dollar ein kleines Paket transportieren und dann zurück im Heimatland mit dem für ihre Verhältnisse vielen Geld Freunde und Verwandte überraschen. Dann ist etwas schief gelaufen und die Verzweiflung groß.

In der Regel sind es die „kleinen Fische", die dem Zoll am Flughafen oder auf der Autobahn ins Netz gehen. Die Hintermänner, die das große Geld machen, fängt man selten. Für den Transport von in Kapseln verschluckten Drogen bis zu einem Kilogramm erhält ein Drogenkurier aus Nigeria z. B. Zurzeit etwa dreitausend US Dollar – eine lächerliche Summe, wenn man das Risiko für den Kurier betrachtet. Haftstrafen zwischen drei und fünf Jahren sind die Regel. Selbst wenn man berücksichtigt, dass die meisten ausländischen Drogenkuriere schon nach Verbüßen der Halbstrafe abgeschoben werden, bleibt immer noch eine lange Zeit im Gefängnis, in der sie, und das ist besonders tragisch, ihrer Familie nicht helfen können. Fast alle sind verheiratet und haben mehrere Kinder.

Festhalten möchte ich in diesem Zusammenhang allerdings, dass es *den Gefangenen* schlechthin nicht gibt. Eine Typisierung ist kaum möglich. Es sind Menschen aus allen gesellschaftlichen Schichten, die, wie es heißt, einsitzen. Natürlich sind dies überwiegend Menschen aus schwierigen sozialen Umfeldern. Ich saß in meinen Gesprächen aber auch Gefangenen mit höherem Bildungsabschluss und mit Universitätsdiplom gegenüber.

Nach Angaben des Münchener Instituts für Strafverteidiger gibt es in der Bundesrepublik ca. 370 Justizvollzugsanstalten, alle Außenstellen eingeschlossen. Im Jahre 2006 waren in der Bundesrepublik nach Angabe des statistischen Bundesamtes knapp 80 000 Menschen inhaftiert, am 30. November 2007 erfasste die Statistik fast 75.200 Strafgefangene. Der Anteil der Frauen liegt bei etwa 10 Prozent. Bei den Männern wie bei den Frauen überwiegen die jüngeren Altersklassen.

Die Gespräche

In der Regel fahre ich einmal im Monat nach Butzbach, in den anderen Wochen nach Weiterstadt. Weiterstadt weist als Untersuchungsgefängnis eine höhere Fluktuation bei den Gefangenen auf, da der Gefangene nach Inkrafttreten des Urteils in eine andere JVA verlegt wird, um dort seine Haftstrafe zu verbüßen. Die psychische Belastung für die Gefangenen ist in der ersten Zeit der Haft natürlich am größten und deshalb ist die begleitende Arbeit hier besonders wichtig. Während der Haftstrafe ist der Gefangene wesentlich fester in das soziale System der Anstalt eingebunden. Die Kommunikation nach außen ist leichter, in der Regel gibt es die Möglichkeit, in der Anstalt einer Arbeit nachzugehen. Das Angebot an Kursen und Gruppenaktivitäten ermöglicht es jedem Gefangenen, sich entsprechend seinen Interessen zu beschäftigen.

Die Verweildauer in der JVA Weiterstadt beträgt nach meiner Erfahrung nicht viel länger als ein bis zwei Jahre. In Butzbach sitzen überwiegend Gefangene mit Langzeitstrafen ein. Einen der Inhaftierten dort besuche ich schon seit über zehn Jahren.

Einige Grundregeln im Umgang mit Gefangenen habe ich von der Initiative Gefangenenhilfe gelernt. Außerdem besuchte ich einige Zeit an einer katholischen Hochschule ein Seminar über Probleme der Seelsorge.

Einige der wichtigsten Grundregeln, die ich anfangs erhielt, möchte ich hier wiedergeben:

a) Die Gefangenen, die man kennt, in das tägliche Gebet miteinbeziehen
b) Einhalten eines festen Besuchplanes
c) Bei den Besuchen ist konservative, nicht zu modische Kleidung zu tragen
d) Man halte sich unbedingt an die Regeln des Gefängnisses
e) Man befrage den Gefangenen nicht über Details seiner Tat. Wenn er möchte, spricht er von sich aus darüber. Man betrachte den Inhalt der Gespräche als vertraulich
f) Man soll von dem Gefangenen keine konkreten und „normalen" Aussagen erwarten. Die Bedingungen, unter denen er lebt, sind nicht „normal"
g) Man verurteile den Gefangenen nicht
h) Beim Gespräch über christliches Glaubensgut soll man berücksichtigen, dass die meisten Gefangenen wenig bis kaum etwas über den christlichen Glauben wissen

Diese Grundregeln für Gespräche waren für mich sehr hilfreich. Im Laufe der Jahre habe ich natürlich auch meine eigenen Erfahrungen gemacht und kann die kurzen Angaben zu den Verhaltensregeln ergänzen:

Zum Punkt a) lässt sich sagen, dass man als Christ

das Gebet nur empfehlen kann. Ich nutze die Zeit zwischen meiner Ankunft im Gefängnis und der „Zuführung" des Gefangenen, was in der Regel zwischen zwanzig und dreißig Minuten dauert, zum Beten eines Rosenkranzes. Dies stimmt mich auf das kommende Gespräch mit dem Gefangenen ein und lässt mich nach der Hektik der Außenwelt und der Eingangskontrolle etwas zur Ruhe kommen.

Den Punkt b), das Aufstellen und Einhalten eines festen Besuchsplanes, versuche ich immer zu erfüllen. Im relativ ereignislosen Gefängnisalltag und bei dem Mangel an Außenkontakten hat ein verabredeter Besuch für den Gefangenen einen hohen Stellenwert. Eine Absage, ein Nichterscheinen oder eine wesentliche Verspätung schädigen das Vertrauen zu dem Gefangenen, das man bei vorherigen Besuchen aufgebaut haben mag. Außerdem fühlt sich der Gefangene sehr leicht im Selbstwertgefühl gekränkt. Und Zurücksetzung erfährt er andauernd im Gefängnisalltag.

Punkt c), unauffällige Kleidung, versteht sich von selbst. Man trägt keine zu modische Kleidung, keinen Schmuck oder sonstige außergewöhnliche Dinge, um dem meist in der Anstaltskleidung erscheinenden Gefangenen keinen Anlass zu Neid und Missgunst zu geben. Außerdem sollte man in kluger Voraussicht alle metallenen Teile an der Kleidung und am Schuhwerk vermeiden, um dadurch schneller und unkomplizierter durch die strengen Einlasskontrollen zu kommen. Ich trage bei Gefängnisbesuchen schwarze Plastikschuhe ohne jegliches Metall, lasse Gürtel und Ring im Auto und leere meine Taschen von allen Metallgegenständen. Dadurch komme ich meist schnell durch die Sicherheitsschleuse, erspare dem Anstaltspersonal Arbeit und mir Ärger.

Verboten sind Geschenke für den Gefangenen; Literatur oder Nahrungs- und Genussmittel darf man nicht in das Gefängnis bringen. Mobile Telefone sind natürlich ebenfalls nicht erlaubt. Drei Mal im Jahr darf der Gefangene ein Paket empfangen, dann können Nahrungs- und Genussmittel, entsprechend einer Liste, geschickt werden. Lesestoff (Bücher, Zeitungen) kann man mit der Post schicken. Nicht immer wird dieser dem Gefangenen ausgehändigt, sondern in einer Kammer aufbewahrt und dem Gefangenen bei der Entlassung übergeben. Warum manchmal Zeitungen oder Bücher beschlagnahmt und auf die Kammer geschickt werden, während ein andermal eine Sendung anstandslos dem Gefangenen übergeben wird, ist mir, trotz Nachfragen, bis heute nicht klar geworden. Ich vermute Willkür des Gefängnispersonals.

Zu Punkt d) möchte ich bemerken, dass die Versuchung, gegen die Gefängnisregeln zu verstoßen, groß ist, und zwar gerade in solchen Dingen, die dem Außenstehenden als Kleinigkeiten erscheinen. Der Gefangene ist, das liegt in der Natur der Sache, von der Außenwelt weitgehend abgeschnitten und bemüht sich, gerade in der ersten Zeit während seiner Untersuchungshaft, verzweifelt, Menschen „draußen" zu kontaktieren. Die zulässigen und genau kontrollierten Außenkontakte sind spärlich und der Gefangene sucht ständig nach Möglichkeiten, diese darüber hinaus zu erweitern. Man möchte Anwälte, Freunde oder gar Mittäter kontaktieren, um gegebenenfalls günstig auf den zu erwartenden Prozess einzuwirken.

Irreguläre Außenkontakte, besonders vor dem endgültigen Richterspruch, sind – und das ist verständlich – strengstens verboten. Nach der Verurteilung lockern sich die Bestimmungen etwas und andere Dinge rücken mehr in das Zentrum der Begierde: Alkohol, Drogen, mobile Telefone, Computerzubehör, Bargeld sind dann von großer Bedeutung. An der Spitze liegen mobile Telefone und Drogen; beides wird bei Zellenkontrollen immer wieder entdeckt.

Als christlicher Besucher und freundschaftlicher Gesprächpartner des Gefangenen ist man versucht, dem Gefangenen einen Gefallen zu tun. Wird man allerdings bei einer Regelwidrigkeit ertappt, ist Schluss mit der ehrenamtlichen Tätigkeit, es kann sogar strafrechtliche Folgen haben. Außerdem bringt man andere Ehrenamtliche in Verruf und macht ihnen das Leben schwer und die Arbeit gegebenenfalls unmöglich. Mein Rat lautet deshalb: Immer streng nach den Regeln handeln!

Wirklich illegale Dinge in die Anstalt einzubringen, hat man bislang noch nicht an mich herangetragen. Vielleicht, weil man mir das nicht zutraut, aber bestimmt, weil ich bei dem Erstgespräch klarstelle, dass so etwas gegen die Regeln, an die ich mich halte, verstößt.

In der JVA Weiterstadt, einem Untersuchungsgefängnis, kam es allerdings mehrmals vor, dass Gefangene versucht haben, mich zum Übermitteln prozessrelevanter Informationen zu bewegen. Ich musste das immer ablehnen. Der Bitte um private Anrufe, um Mitteilungen an Verwandte oder Bekannte über den Verbleib des Häftlings, um die Übermittlung der Adresse der Strafanstalt oder der Bitte um eine briefliche Nachricht oder einen Besuch komme ich gelegentlich nach und denke, dass sich dies mit den Aufgaben eines christlichen Ehrenamtlichen vereinbaren lässt.

Zu Punkt e) lässt sich sagen, dass ich grundsätzlich die Gefangenen nicht über Einzelheiten ihrer Tat bzw. des Tatvorwurfs befrage. Nach einigen Besuchen erzählen mir die meisten allerdings von sich aus Einzelheiten über ihr Schicksal.

Über die Gefangenenseelsorge weiß ich, wessen der Gefangenen angeklagt ist bzw. warum er verurteilt worden ist. Ich denke, dies ist wichtig, um mein Gegenüber zumindest oberflächlich einschätzen zu können. Einige Häftlinge betonen, sie seien unschuldig und würden zu unrecht im Gefängnis festgehalten. Ich kann das natürlich nicht beurteilen. Manch einer wurde wohl auf Grund unglücklicher Umstände verhaftet, und ich denke dann, dies könnte vielleicht auch mir passieren.

Grundsätzlich halte ich mich aus den Details eines Strafprozesses heraus, obwohl dieses Thema sehr oft von den Gefangenen angeschnitten wird. Meine Aussagen hierzu bleiben allgemein und ich betone, dass ich juristischer Laie bin und dass dieses Thema eigentlich in ein Gespräch mit dem Rechtsanwalt gehört. Ich urteile nicht und stelle gerichtliche Urteile nicht in Frage. Dies ist nicht meine Aufgabe. Das Leben vor der Verhaftung, das Leben danach, das Schicksal der Familie, das Wirken Gottes und des Gebetes – warum greift Gott nicht ein –, sind Themenbereiche, über die man stundenlang sprechen kann.

Ich versuche, in meinem Gegenüber den Mitmenschen und das Geschöpf Gottes, sein Ebenbild, zu erkennen. Die Frage, warum dieses Ebenbild im christlichen Sinne oft so entstellt ist, dem Bösen anheim gefallen ist, vermag ich nicht zu beantworten. Mir bleibt die Hoffnung auf Besserung, Reue und Buße des Straftäters. Der erste Schritt dazu muss die Einsicht in ein begangenes Unrecht sein, die Erkenntnis, dass man andere Menschen verletzt oder ihnen Schaden zugefügt hat. Die Bereitschaft, Vergebung zu erbitten und vielleicht auch anderen Beteiligten zu vergeben, ist wichtig.

Christliche Demut ist sicherlich eine Eigenschaft,

die man als Ehrenamtlicher braucht. Dazu benötigt man allerdings auch eine gewisse Distanz, Erfahrung und die Fähigkeit, andere Menschen einzuschätzen. Viele Gefangene sind nicht die Unschuldslämmer, als die sie sich selbst darstellen. Mit Phantasiegeschichten und Lügen muss man umgehen können. Es gibt einige psychisch labile und kranke Menschen im Gefängnis. Wenn ihre Erkrankung nicht sehr auffällig ist und man sie im Zusammenhang mit ihrer Straftat als normal einstuft und nicht in eine Klinik einweist, trifft man sie eben im Gefängnis.

Die Unterhaltung mit einem Gefangenen sollte man als vertraulich betrachten. Oft erfährt man im Laufe der Zeit Dinge, die im Gefängnisalltag geschehen und nicht mit dem normalen Strafvollzug in Einklang stehen. Man hört über Streitereien, körperliche Auseinandersetzungen, Drogen, mobile Telefone, Destillation von Alkohol etc.! Solange dies alles nicht zu einer Gefahr für Leben und Gesundheit anderer wird, höre ich gar nicht richtig hin, spreche nicht weiter darüber, um das Vertrauensverhältnis zwischen mir und dem Häftling nicht zu gefährden. Diese genannten Dinge und Vorkommnisse sind Sache der Anstaltsleitung und der Bediensteten. Allgemein versuche ich, dem Gefangenen christliche Werte, Mitgefühl und Verständnis für den Mitmenschen zu vermitteln. Das bezieht sich natürlich auch auf das Verhalten des Häftlings in der Anstalt. So heißt es manchmal, man müsse diesem oder jenem Gefangenen zeigen, wer das „Sagen" hat, was bedeutet, dass der Unglückliche mit Prügel oder gar Schlimmerem bedroht wird, oder dass man einen Bediensteten hereinlegen möchte. Dann muss ich zuerst an die Vernunft, an die christlichen Werte der Nächstenliebe und Gewaltfreiheit und bei nichtchristlichen Gefangenen an den „Kantschen Imperativ" – was du nicht willst, dass man dir tu, das füg auch keinem andern zu – erinnern. Ob es hilft? Vielleicht manchmal! Grundsätzlich ist das Gefängnis ein Ort der Gewalt.

Gewiss kann man – nun komme ich zu Punkt f) – vom Gefangenen keine „normalen" Antworten erwarten. Besonders gilt dies für die ersten Besuche und Gespräche, während derer der Gefangene befangen und äußerst zurückhaltend ist. Hinzu kommt, dass er oft nach langer Zeit endlich einmal die Gelegenheit erhält, jemandem von „außen" seine Geschichte zu erzählen und über seine Probleme zu sprechen. All seine Gedanken drehen sich um seine missliche Situation. Manchmal ist der Gefangene jedoch dem Besucher gegenüber misstrauisch, besonders während der Untersuchungshaft. Denn vor der Verurteilung mag der Besucher ja im Auftrag der Staatsanwaltschaft versuchen, den Gefangenen über die ihm vorgeworfene Tat auszuhorchen. Ich merke dies in Weiterstadt, wenn mir Gefangene beim ersten Besuch beeindruckende Geschichten über den Tatvorwurf erzählen. Diese Geschichten, die natürlich die Unschuld betonen, erscheinen mir so „wasserdicht", dass ich der Überzeugung bin, diese Geschichte sei so der Polizei, dem Haftrichter und dem Anwalt erzählt worden. Nach einigen Besuchen ändert sich die Geschichte schließlich und nähert sich mehr und mehr der Realität an – wie ich vermute.

Im Punkt g) heißt es, man solle den Gefangenen nicht verurteilen. Im Matthäusevangelium steht: *„Richtet nicht, damit ihr nicht gerichtet werdet"* (Mt 7,1).

Und im Lukasevangelium heißt es: *„Richtet nicht, dann werdet auch ihr nicht gerichtet werden. Verurteilt nicht, dann werdet auch ihr nicht verurteilt werden"* (Lk 6,37).

Als Christ versuche ich, mich daran zu halten. Gewiss ist unser irdisches Recht für ein gedeihliches Zusammenleben in der Gesellschaft nötig. Dafür sind jedoch andere Menschen und Institutionen zuständig. Bei meinen Gesprächen sind die Aspekte von Tat und Verurteilung sekundär. Ob es hier auf Erden, in diesem Leben, wirklich Gerechtigkeit gibt, scheint mir fraglich. Manchmal allerdings, bei wirklich schrecklichen Taten, fällt es mir sehr schwer, nicht zu verurteilen. Es bedarf der Demut, dem betreffenden Gefangenen ohne Vorurteil als Menschen, als Ebenbild Gottes zu begegnen. Nach einem solchen Gespräch bin ich dann völlig leer, ausgebrannt und erschöpft.

Der zeitgenössische christliche Philosoph Robert Spaemann, Berater von Papst Benedikt XVI., sagt:

„Strafe ist immer Zufügung von Leiden. Aber dieses Leiden darf nicht den Charakter der Rache haben, es muss so geartet sein, dass dem, der sich die Strafe zugezogen hat, im Strafvollzug die Möglichkeit eröffnet wird, wirklich menschliche Grunderfahrungen zu machen und – wenn möglich – eine Einsicht in den Sinn der Strafe zu gewinnen" (R. Spaemann, *Das unsterbliche Gerücht)*. Nun, ich möchte trotzdem nicht Richter sein!

Bei diesen Ausführungen muss man berücksichtigen, dass die meisten Häftlinge kaum etwas über den christlichen Glauben wissen – Punkt h) –, so habe ich es erlebt. Die meisten der von mir besuchten Gefangenen würde ich als zumindest religionsfern bezeichnen. Ausnahmen bestätigen die Regel. Vielleicht kann ich vereinfachend drei Gruppen beschreiben.

Da sind zum einen die „Heuchler", wie ich sie nenne. Das klingt hart und vorurteilsvoll, entspricht aber meiner Beobachtung. Diese Leute haben mit Religion nichts im Sinn. Die Sonntagsgottesdienste, die sie im Gefängnis besuchen, bedeuten für sie eigentlich nur eine Abwechslung und die Möglichkeit, andere Gefangenen zu sprechen. Auch besteht hierbei eine gute Gelegenheit, nähere Bekanntschaft mit dem Gefängnisgeistlichen zu machen, was den Vorteil haben kann, vielleicht ab und zu in dessen Büro einen Anruf zu tätigen oder ein Päckchen Tabak zu schnorren. Ich widme mich diesen Leuten mit besonderer Sorgfalt, um ihnen die Frohe Botschaft nahezubringen. Dabei gebe ich nie die Hoffnung auf, dass sie eines Tages durstig werden mögen, wie es in der Bibel heißt, und sich vielleicht unserer Gespräche erinnern und zur lebendigen Quelle, zu Gottes Wort finden.

Dann gibt es die zweite Gruppe der Häftlinge, die zwar einen christlichen Hintergrund haben, sich aber bislang von der Kirche ferngehalten und den Glauben nicht gelebt haben. In der Extremsituation der Gefangenschaft nehmen sie Gott mit seiner Allmacht wieder wahr. Sie holen ihn, wie ein Geistlicher es beschrieb, wie einen Gegenstand aus dem Schrank heraus, weil sie ihn brauchen. Ob sie ihn dann – wieder in Freiheit – zurück in den Schrank stellen oder ob die Erfahrung der Gefangenschaft zu einem Wendepunkt in ihrem Leben wurde, erfahre ich oft nicht. Von einem ehemaligen Häftling weiß ich, dass er gläubiger Christ geworden ist und jetzt selbst in Strafanstalten geht und Gefangene besucht.

In der letzten Gruppe sind die wenigen gläubigen Christen versammelt, die ihre Tat von ganzem Herzen bereuen und um Gottes Beistand bitten. Sie kennen sich in der Heiligen Schrift gut aus, beten und erleben bewusst das Kirchenjahr. Viele von ihnen kommen aus der sogenannten Dritten Welt und praktizieren einen für uns Mitteleuropäer sehr emotional anmutenden Glauben und zeigen große Frömmigkeit.

Allen versuche ich, das Wort Gottes weiterzugeben und zu erklären, und hoffe, ihnen bleibt im Gedächtnis, dass sie von einem Christen besucht wurden, der Verständnis für ihre Situation hatte und sie nicht ausgrenzte – so wie die weltliche Gesellschaft es tut.

Reflexionen

Wenn ich mir überlege, ob sich diese Arbeit in einer Haftanstalt „lohnt" – lohnt im Sinne von Arbeitseffizienz – komme ich zu einem klaren Nein! Kein Wunder, dass man nur wenigen Christen und – abgesehen von den Gefängnisgeistlichen – kaum Pfarrern im Gefängnis begegnet. Aber kann man eine solche Arbeit überhaupt nach einem solchen Kriterium, nach Aufwand und Ertrag, bewerten? Es gibt, so denke ich, auch einen Ertrag, der nicht quantifizierbar ist.

Ein Besuch in einer Haftanstalt „kostet" mich fast einen halben Tag. Ich fahre mit dem Auto bis zu einhundert Kilometer hin und zurück, und es „kostete" nicht nur Zeit, sondern auch teures Benzin. Und es „kostet" Nerven: Ich werde an der Pforte kontrolliert, gelegentlich auch schikaniert. Dann warte ich oft über eine halbe Stunde, bis der Gefangene mir zugeführt wird. Dann, wenn ich mehrere Gespräche führe, warte ich erneut. Zu guter Letzt muss ich wieder durch die Auslasskontrolle und wieder mit dem Auto, manchmal auf verstopfter Autobahn, nach

Hause. Gefängnisse liegen oft außerhalb, irgendwo in der Landschaft, ohne Anbindung an öffentliche Verkehrsmittel. Und wenn ich Pech habe, und das ist schon vorgekommen, wird mir der Gefangene überhaupt nicht zugeführt. Entweder ist er krank, hat einen Gerichtstermin, befindet sich unter besonderem Verschluss, hat keine Lust oder aber die Aufsichtsperson hat keine Lust, ihn zuzuführen und behauptet, der Gefangene wolle nicht. Bei ausländischen Gefangenen mit mangelhaften deutschen Sprachkenntnissen kann man ein solches „Missverständnis" leicht provozieren. Ich spreche aus Erfahrung. Der Besuch war dann umsonst. Auch Alarm habe ich schon erleben müssen. Dann geht in der Haftanstalt gar nichts mehr, alle Türen bleiben geschlossen. Man wartet bis zu einer Stunde untätig und nichts geschieht. Dann fahre ich nach mehr oder weniger unverrichteter Arbeit wieder nach Hause. In solchen Situationen ist wirklich christliche Demut notwendig!

Ich bin zufrieden, wenn ich für andere etwas tun konnte. Wenn mein Unterfangen – wie an einem solchen Tag – nicht erfolgreich war, sage ich mir, dass ich es wenigstens versuchte und mein Bestes gegeben habe – ich gebe nicht auf.

Die Besuche

Wenn man dem Gefangenen gegenübertritt, sollte man sich zurücknehmen, etwas Ruhe und Geduld sind wichtig. Man kommt gerade von der „Außenwelt" mit all ihrer Hektik und Betriebsamkeit an den besonderen Ort Gefängnis mit seiner genau reglementierten Atmosphäre. Die Abläufe sind vorgegeben, fast rituell; es ist still und alles scheint verlangsamt. Nicht Effizienz, das Lösen von Problemen, schnelle Reaktion auf Ereignisse stehen im Vordergrund, sondern das ruhige und möglichst entspannte verständnisvolle Gespräch. Man braucht Ruhe und auch Zeit, sein Gegenüber in dessen Situation mehr zu erahnen als genau zu verstehen. Eine „Hauruckmission", wie ich sie schon bei fundamental evangelikalen Christen beobachten konnte, ist fehl am Platze. Glauben ist eine Gnade und wird nicht durch ständiges Wiederholen irgendwelcher Bibelsprüche bewirkt. Schuld, Sühne und Vergebung können vernünftigerweise nur nach vielen Gesprächen thematisiert werden.

Leider ist in den zurückliegenden Jahren unsere Initiative für die Gefangenenhilfe langsam aber stetig auseinandergefallen. Es gab nur noch gelegentliche Treffen, immer weniger Teilnehmer, und am Ende ist die Gruppe sanft entschlafen. Viele der Mitglieder sind weggezogen, zurück in ihre Heimat, andere hatten aus beruflichen Gründen keine Zeit mehr. Der

Nachfolger der methodistischen Bischöfin hatte kein Interesse, und eine andere Person für das Organisieren von regelmäßigen Gruppentreffen ließ sich nicht finden. Ich habe dann, wie schon angedeutet, meine Arbeit alleine fortgeführt und versucht, in loser Anbindung an die katholische Gefängnisseelsorge zu arbeiten.

In Weiterstadt besuche ich zwei bis drei Mal im Monat unterschiedlich viele Häftlinge. In Butzbach bin ich einmal im Monat. Dort habe ich meist zwei bis drei Gefangene mit langjährigen Haftstrafen, die ich bei einem Besuch sehe. Grob überschlagen kann ich davon ausgehen, dass ich in den vergangenen Jahren weit über einhundert Gefangene kennen lernen durfte. Darunter waren Christen, Atheisten, Muslime, Hindus und Juden. Die Mehrzahl jedoch waren Menschen, die zwar christlich getauft waren, ihre Religion aber kaum oder selten praktizierten. Die Gefangenen kamen aus allen fünf Erdteilen, aus mehr als zwanzig Ländern.

In der JVA Weiterstadt besuche ich vorwiegend Häftlinge, die im Zusammenhang mit Drogenschmuggel aufgefallen waren – wegen der Nähe zum Frankfurter Flughafen sitzen hier viele Drogenkuriere ein. Aber auch Häftlinge, die des Mordes oder einer Körperverletzung angeklagt waren, oder die eines Konkursvergehens, der Urkundenfälschung, eines Computervergehens oder einer Sexualstraftat beschuldigt wurden, sind mir begegnet. Da war auch der britische Häftling, der widerrechtlich einen LKW gefahren haben soll, der britische Häftling, der nach einem Fußballspiel randaliert haben soll und der bekennende Schwarzfahrer, der sich beständig geweigert hatte, die Bußgelder zu zahlen. Eine ganz hübsche Bandbreite von Tatvorwürfen. Die meisten der Häftlinge sind dann auch verurteilt worden und zur Strafverbüßung in eine andere Haftanstalt verlegt worden.

In Butzbach betreute bzw. betreue ich einen Mehrfachmörder, dann eine sogenannte Schlüsselfigur im Drogenhandel sowie einen Mann, der wegen Totschlags inhaftiert war und zwischenzeitlich entlassen wurde, und schließlich einen Waffenschmuggler und einen Bankräuber, außerdem einige Drogenkuriere, die meist nach zwei bis vier Jahren wieder frei kamen.

Natürlich habe ich grundsätzlich das Bedürfnis, meinem inhaftierten Gesprächspartner das Wort Gottes nahezubringen. Da aber in der Regel dieses mein Bedürfnis auf Seiten des Gefangenen kein Verständnis findet, hoffe ich, dass vielleicht doch gelegentlich im Gespräch über Allerweltsdinge und die Haft so etwas wie ein Funke auf den Gefangenen überspringt und er erkennt, dass er nicht alleine sein Schicksal regelt und dass es eine höhere Gewalt, nämlich Gott, gibt, der in sein Leben eingreifen kann.

Manchmal denke ich, ob ich nicht die besondere Situation und die Not meines Gegenüber ausnutze, um ihn zu „missionieren". Aus dieser Überlegung heraus bin ich sehr zurückhaltend im Gespräch über religiöse Dinge, ich gebe im Gespräch nur ab und zu Stichworte. Greift der Gefangene sie auf, ist dies gut. Ansonsten ist menschliche Zuwendung, der Besuch, eine Cola, die ich dem Gefangenen kaufe, und einige Süßigkeiten aus dem Gefängnisautomaten sowie das allgemeine Gespräch an sich etwas, das genügt. Der Gefangene erfährt, dass sich jemand von „draußen" um ihn kümmert. Die meisten der von mir besuchten Häftlinge haben keinerlei Außenkontakt, sie leben den ganzen Tag ausgeschlossen von dem „wirklichen" Leben, das sie täglich im Fernsehen alleine in ihrer beengten Zelle sehen.

Ich verfahre bei meinen Besuchen und Gesprächen fast immer gleich. Nach der Begrüßung frage ich den Gefangenen, wie es ihm geht, ob er aktuelle Probleme in der Anstalt hat, ob es sonstige Neuigkeiten im Zusammenhang mit seiner Haft gibt. Dann versuche ich mich mit ihm über seine Familie und Freunde zu unterhalten. Manchmal verspreche ich einen Anruf bei der Familie. Bei meinem nächsten Besuch erfährt der Gefangene dann das Ergebnis des Telefongespräches – oder, wenn es eilig ist, informiere ich den Gefängnisgeistlichen, der es dann weitergibt. Dem Gefangenen zuzuhören ist wichtig. Gelegentlich mache ich einen kurzen Einwurf, selten muss ich die Gesprächsführung übernehmen. Das Gespräch dauert in der Regel eine halbe bis eine

Stunde. Ich schließe es mit einem Bibeltext oder einem Gebet ab und verspreche dem Gefangenen, ihn in meine Gebete mit einzuschließen. Ist der Gefangene Katholik, dann schenke ich ihm bei den ersten Gesprächen ein kleines Kruzifix, einen Rosenkranz oder Heiligenbilder – sofern er es annehmen möchte. Diese Devotionalien werden sehr geschätzt und manchmal, zu meinem Leidwesen, wird damit im Gefängnis gehandelt. Auch kopierte Gebete habe ich oft dabei, diese gebe ich dann dem Gefangenen mit auf seine Zelle.

Begleitende Gespräche erfordern Ruhe, Geduld und Einfühlungsvermögen. Jeder Häftling ist eine besondere Persönlichkeit, jeder braucht einen anderen Gesprächszugang. Zuzuhören ist, wie schon gesagt, sehr wichtig. Man muss bedenken, dass das Selbstwertgefühl des Gefangenen durch die Haft sehr verletzt ist und weiterhin täglich verletzt wird und er deshalb oft sehr empfindlich reagiert.

Wenn allerdings im Gespräch besonders christliche Werte wie die Liebe zum Nächsten erwähnt werden, argumentiere ich freundlich, aber überzeugend, und vertrete diese Werte unerschütterlich. Schließlich ist dies ein Beweggrund für diese Besuche! Vergessen wir nicht, dass viele der Gefangenen diese Werte nicht kennen oder auch bewusst dagegen verstoßen, weil sie meinen, nur so sei die Welt und nur so könne man in dieser Welt überleben.

Ein Problem vieler Inhaftierter ist vielfach ihre

starke Ichbezogenheit. Wenn sie nur wenigstens gelegentlich davon absehen könnten und mehr an andere denken würden! Dies würde „Heilung" bedeuten Nicht immer ist die vielen Gefangenen verordnete Psychotherapie, die das „Selbst" bewusst machen, stärken und somit kontrollierbar machen soll, erfolgreich.

Als Ehrenamtlicher im Gefängnis vertritt man auch in irgendeiner Weise die Gesellschaft außerhalb des Gefängnisses und sollte dem Gefangenen vermitteln, dass diese nicht nur als Ankläger auftritt, sondern auch die Hand zur Vergebung reichen kann. Als christlicher Besucher klage ich nicht an, grenze nicht aus. Ich versuche, Vergebung, Wiedergutmachung und Rückkehr in die Gesellschaft, aus der der Gefangene ausgestoßen ist, wieder als reale Möglichkeit deutlich zu machen.

Die Bediensteten des Strafvollzugs, auch die vom Staat angestellten Sozialarbeiter und Psychologen, ja auch der Gefängnisarzt und der offizielle Gefängnisseelsorger sind für den Häftling Teil des strafenden und aussondernden gesellschaftlichen Systems. Sie repräsentieren das „Gegensystem", die Gegenseite. Jedes Gerichtsurteil ergeht „im Namen des Volkes", und der zu einer Gefängnisstrafe Verurteilte unterliegt dem Straffvollzugsgesetz; er wird „vom Volk und durch das Volk" ausgeschlossen.

Die Resozialisierung wird als hehres Ziel propagiert, doch die Realität des Strafvollzuges und die

Sicherheitsinteressen der Gesellschaft lassen dafür wenig Raum. Für den Gefangenen stehen Strafe und Vergeltung im Zentrum seiner Erfahrung.

Resozialisierung ist in vielen Fällen für den Gefangenen eine Art Spiel, dessen Regeln man befolgen muss, um möglichst vorzeitig aus der Haft entlassen zu werden. Wenn man mit Sozialarbeitern und Anstaltspsychologen zusammenarbeitet und sich gegenüber dem Wachpersonal wohl verhält, kann dies zu vorzeitiger Entlassung führen. Begleitete Ausgänge und Freigänge ohne „Vorfälle" sind wie Sprossen einer Leiter, die in die Freiheit führt. Ob der Gefangene wirklich bereut, ob er die Notwendigkeit erkennt, in seinem Leben etwas zu verändern, bleibt eine andere Frage. Die hohe Zahl an Rückfälligen spricht eine deutliche Sprache.

Für die Gefängnisseelsorge und auch für den im Gefängnis tätigen christlichen Laien sind Begriffe wie Schuld, Strafe, Reue, Sühne und Vergebung von großer Bedeutung. Der Gefangene sollte idealer Weise die Erfahrung von Vergebung und Versöhnung erfahren können. Meist gelingt dies jedoch nicht. Es bleibt ein Ideal, um das man sich bemüht. Für die meisten Häftlinge ist dieser Themenkomplex unbekanntes Gebiet. Sie haben sich noch nie Gedanken darüber gemacht, ob Mitmenschen leiden oder ob es ein höheres Wesen gibt, vor dem man sich eines Tages zu verantworten hat.

Schuld, Reue, Sühne

Tat, Reue und Versöhnung sind natürlich immer Thema des christlichen Ehrenamtlichen im Gefängnis. Bei der Mehrzahl meiner Gesprächspartner finde ich allerdings keinen direkten Zugang zu diesem Themenkomplex. Ich versuche, mich diesem Thema indirekt zu nähern. Ob wir über Probleme des Gefängnisalltages oder über die Vergangenheit und Zukunft des Häftlings sprechen oder ob ich auf meine eigene Lebensgeschichte verweise – immer lässt sich das Wirken Gottes aufzeigen. Dabei kommt immer wieder die uns Menschen bewegende Frage auf, warum Gott all das Böse zulässt. Warum – so mag der Gefangene sich fragen – bin ich hier im Gefängnis, wenn Gott uns Menschen liebt? Nun, bei diesem Thema habe ich einen Ansatzpunkt für ein Gespräch, welches sich über mehrere Besuchstermine hinwegziehen mag.

Vielfach erkennt der Gefangene seine Schuld. Er fragt sich dann aber vielleicht, weshalb er so hart bestraft wird und Jahre seines Lebens im Gefängnis verbringen muss – obwohl er doch schon längst seinen Fehler eingesehen hat. Sein bisheriges Privatleben ist zerstört, und es scheint fraglich, ob er jemals wieder ein geordnetes Leben wird führen können. Trost kann dann nur eine Haltung christlicher Demut versprechen, das Vertrauen in Gottes Führung, aus diesem Schicksalsschlag etwas Positives entstehen zu lassen, und der Wille, der sich auf Hoffnung gründet, das eigene Leben aktiv zu gestalten.

Leider fehlt es den meisten Häftlingen oft an grundlegenden Kenntnissen über die Religion, zu der sie sich bekennen. Und eigentlich ist der Gefangene damit nur ein Spiegelbild der Gesellschaft. In diesem Zusammenanhang möchte ich einige allgemeine Beobachtungen bei bekennenden Christen „draußen" zu dem Thema Gefangenenseelsorge festhalten.

Oft zeigen Menschen, die rege an ihrem Gemeindeleben teilnehmen, regelmäßig die Gottesdienste besuchen und sich auch allgemein sozial engagieren, für die Gefangenenbegleitung wenig bis gar kein Interesse. Mit gewissem Schaudern und Sensationslust hört man gerne Berichte über diese Arbeit, man spendet auch einmal etwas, aber ansonsten hält man sich fern. Diese Beobachtung konnte ich sowohl bei evangelischen als auch bei katholischen Christen sowie bei Geistlichen beider Konfessionen machen.

Aus einer Umfrage des Bonner Infas-Institutes in den 70er Jahren geht hervor, dass mindestens die Hälfte aller Bundesbürger Kontakte mit Vorbestraften ablehnt. 77 Prozent haben etwas dagegen, dass ein ehemaliger Anstaltsinsasse zum Freund wird, 71 Prozent möchten nicht, dass er in die eigene Familie einheiratet, 65 Prozent wollen nicht mit einem Vorbestraften im eigenen Haus und 44 Prozent nicht in der gleichen Siedlung wohnen, und 47 Prozent wollen keinen Vorbestraften als Arbeitskollegen haben

(*Strafvollzug – Stiefkind der Kirchen?*, Katholische Akademie Trier 1975, S. 41).

Diese Zahlen gelten sicherlich auch heute noch. Christliche Gemeindemitglieder unterscheiden sich in ihrer Haltung gegenüber Gefangenen wohl auch nur wenig von der Gesamtgesellschaft. In den Gemeinden begegne ich freundlichem Interesse und dem Hinweis, es sei eine gute christliche Arbeit – aber sonst ... Schließlich gibt es so viel anderes zu tun! In derselben Umfrage heißt es auch, dass immerhin 13 Prozent der befragten Gemeindemitglieder es ablehnt, in die Gefängnisse zu gehen und den Häftlingen Beistand zu leisten (vgl. Mt 25,36).

Eines Tages habe ich bei einer Unterschriftensammlung gegen die Todesstrafe in einer Gemeinde beobachten können, dass ein erschreckend hoher Anteil der dort anwesenden Christen mir die Unterschrift verweigerte und meinte, man sei bei besonderen Verbrechen durchaus für die Todesstrafe. So ist es nicht besonders verwunderlich, dass viele Christen einem auf Schuld, Strafe und Vergeltung reduzierten Strafvollzug das Wort reden – die Vorstellung alttestamentarischer Vergeltung ist weit verbreitet.

Auch reagieren die Menschen ähnlich wie bei Berichten über die christliche Arbeit mit kranken, sterbenden oder auch wohnsitzlosen Menschen. Es scheint mir, als fürchteten die Menschen so etwas wie „Ansteckung" durch diese benachteiligten Personengruppen. Man weiß, durch unglückliche

Umstände kann jeder in eine solch schlimme Lage kommen, und der Gedanke daran oder gar die Beschäftigung mit solchen Menschen erzeugt ein ungutes Gefühl. Jesus zeigte uns durch seinen Umgang mit den Aussätzigen, dass solche Berührungsängste überwunden werden müssen, ja, dass aus dem Kontakt mit solchen „ausgesetzten" Menschen Heilung für beide Seiten entstehen kann.

Warum werden Menschen straffällig?

Die interessante Frage, warum Menschen straffällig werden, weshalb sie gegen Regeln und Gesetze der Gesellschaft verstoßen, warum sie anderen Menschen Schaden zufügen, sie verletzen oder gar zu Mördern werden, ist leider nicht schlüssig zu beantworten. Die Gründe für abweichendes Verhalten, für Verbrechen, sind oft sehr komplex.

In dem Buch *Gott und die Welt, Gespräch mit Peter Seewald* sagt Papst Benedikt XVI. sinngemäß über das Böse im Menschen, dass wir Menschen groß sein wollen, über mehr Selbständigkeit verfügen wollen, freier von Gottes Gesetzen leben möchten und selbst entscheiden wollen, was Gut und Böse ist. Liebe wird in einem solchen Falle nur als Einengung, als Abhängigkeit und nicht mehr als ein Geschenk begriffen.

„Gott hat nur das Gute geschaffen. Und das Böse ist nicht eine selbständige Wesenheit, sondern immer nur als Negation an einem eigentlich guten Wesen überhaupt denkbar. Nur daran kann es sich festhalten, weil die bloße Negation nicht existieren könnte … was er erschaffen hat, ist die Freiheit und der Umstand, dass unsere Einsichtsfähigkeit dieser Freiheit oft nicht standhält" (Gott und die Welt, S. 135). Diesen Gedanken muss ich mir immer wieder vor Augen führen, wenn ich einem mehrfachen Mörder gegenüber sitze, der auch nach langer Haft nicht bereuen kann.

In Selbstüberschätzung oder Ignoranz lehnen viele Menschen Gottes Gebote und seine Liebe, besonders die Nächstenliebe, ab Sie fügen anderen Menschen Schaden zu, verstoßen gegen die Gesetze, werden straffällig. Diesen Zusammenhang dem Gefangenen deutlich zu machen, ist nicht immer leicht Auch sind Lebensgeschichten nicht einfach auf ein Schwarz-Weiß-Raster zu übertragen, und oft frage ich mich nach einem Gespräch, ob der Gefangene bei der Tat, für die er einsitzt, eigentlich gegen Gottes Gebot der Liebe verstoßen hat oder bloß Opfer unglücklicher Umstände geworden ist.

Gerade in einer Gesellschaft, in der der rücksichtslose und intelligente Mensch sich auf Kosten anderer Vorteile verschaffen kann, jede Gesetzeslücke auszunützen versteht und kaum vorstellbare Einkommen erzielt, ist die Versuchung, es dem gleichzutun und dann doch über die Gesetzesgrenze zu stolpern, groß.

Heutzutage wird in der weltlichen Gesellschaft die Schuldfähigkeit eines Menschen von Biologen, Psychologen und Neurowissenschaftlern oft verneint. Basierend auf der genetischen Festlegung bestimmter Verhaltensweisen im Falle von Erbkrankheiten etablierte sich die Vorstellung, menschliches Verhalten werde in erster Linie durch genetische Faktoren bestimmt. Daran anknüpfend meinen Neurowissenschaftler, unser Verhalten sei weitgehend oder sogar gänzlich durch neuronale Faktoren festgelegt.

Zu dem Thema „Freiheit oder Determinismus – ein neues Menschenbild aus der Hirnforschung" hielten im Jahr 2005 Wissenschaftler verschiedener Disziplinen Vorträge an der Universität Leipzig zu folgenden Themen: „Das Gehirn organisiert adaptives Verhalten und trifft Entscheidungen", „Macht des Gehirns – Ohnmacht des Geistes", „Kritik des freien Willens: psychologische Bemerkungen über eine soziale Institution" usw.

In einer Ausgabe der Wochenzeitschrift *Der Spiegel* wurde im Juli 2007 unter dem Titel „Das Böse im Guten" u. a. ein Streitgespräch zwischen einem Neurowissenschaftler und einem Sozialwissenschaftler gebracht. Der Neurowissenschaftler behauptete, unser gesamtes Handeln sei durch „Verschaltungen" im Gehirn determiniert.

Der Sozialwissenschaftler hingegen argumentierte, es gäbe für uns Menschen eine Willensfreiheit, die Grundlage des gesellschaftlichen Zusammenlebens sei. Alle Rechts- und Gerichtssysteme basierten auf dieser Willensfreiheit.

Der Neurowissenschaftler schlägt als Ausweg aus der von ihm angenommenen Determiniertheit vor, für Straftäter Therapien zur Resozialisierung anzubieten, um weitere Straftaten zu verhindern. Das in unserem Strafsystem oft genannte Ziel der Resozialisierung – die Vermeidung weiterer Straftaten – weist in diese Richtung.

Als Christ glaube ich an die Freiheit des menschlichen Willens, anders kann ich menschliches Sein nicht erfassen. Im anderen Falle müssten wir uns als eine Art biologischer Roboter verstehen. Schrecklich!

Gott hat uns einen freien Willen gegeben. Natürlich werden wir durch genetische und soziale Einflüsse, sowie durch Lebenserfahrungen immer in unseren Entscheidungen beeinflusst. Wir haben aber immer die Möglichkeit, uns so oder so zu entscheiden und gegebenenfalls vorgezogene Entscheidungen umzuwerfen um z. B. der Liebe wegen etwas zu tun oder zu unterlassen.

Wo nun die Grenze zwischen krankhaftem Verhalten oder einer freien Entscheidung zum Bösen liegt, ist vielfach schwer zu erkennen. Psychologische Gutachten sind oft umstritten und lebenslanger Einschluss in einer psychiatrischen Haftanstalt ist selten. Wie wir aus den Medien erfahren können, kommen Fehleinschätzungen vor, und Mehrfachtäter töten oder vergewaltigen erneut.

Eine Gesellschaft ohne strafendes Rechtssystem ist nicht vorstellbar. Wenn dazu noch das Bemühen um Resozialisierung kommt, kann man nur noch über die Effektivität des Systems diskutieren. Wir sollten aber auch nicht die Opfer von Straftaten vergessen. Sie würden kaum Verständnis dafür aufbringen, wenn man ihnen erklärte, der Täter könne nun eben nichts für seine Tat und man solle doch gefälligst dafür Verständnis haben Ich würde, obwohl es den Bestraften doch oft hart trifft, unser Strafsystem in der Bundesrepublik als human bezeichnen Fehlurteile, überzogene Urteile oder auch Glücksfälle für Angeklagte, bei denen sie mit ganz geringen Strafen davon kommen, liegen im Bereich menschlichen Handelns, das leider niemals fehlerfrei ist.

Ganz anders ist eine Straftat auf dem Hintergrund des Christentums zu betrachten.

Kann man vom Bösen im Menschen, vom Bösen an sich sprechen? Weiter oben habe ich mir die Aussage von Papst Benedikt XVI. zu eigen gemacht, verhehle aber nicht, dass mir dies in Einzelfällen schon schwer gefallen ist. Schon manchmal habe ich gedacht, dass es im mittelalterlichen Sinne so etwas wie böse Dämonen gibt, die Menschen heimsuchen und zu bösen Taten treiben. Nun, heute heißen die Dämonen psychische Erkrankungen. Ob nun Dämonen dahinter stecken oder ob man sich auf die Interpretationen menschlichen Verhaltens stützt, die uns die Psychologie, die Psychiatrie, die Sozialwissenschaften oder die Neurowissenschaftler bieten: Die Phänomene abweichenden Verhaltens sind geblieben, ob man es nun modern zu erklären versucht oder vom Dämon, Satan oder Teufel spricht. Zu Gunsten der modernen Interpretation kann man einwenden, Diagnose und Therapie seien heutzutage differenzierter und erfolgreicher als mittelalterlicher Exorzismus. Ich bin mir da nicht so sicher!

In den Gesprächen kann man beide Aspekte im Blick haben. Ein Sozialarbeiter jedoch kann sich nur um die weltliche Perspektive kümmern und versuchen, für den Gefangenen das Hier und Jetzt zu regeln und für den Häftling günstig zu gestalten.

Im spirituellen Bereich lässt sich das Böse an sich bei einigen Menschen erahnen. Die beobachtete Fixierung gewisser Straftäter auf Verbrechen und deren Wiederholung erklärt sich – meiner Meinung nach – manchmal nur unvollständig mit dem Vokabular der Psychiatrie und der Sozialwissenschaften. Wenn z. B. ein Mensch immer und immer wieder versucht, anderen Menschen Schaden zuzufügen und sich daran erfreut, wenn andere leiden, so ist das für mich das Böse, das den Menschen korrumpiert. Die Wissenschaft spricht dann von einem Psychopathen.

In diesem Zusammenhang soll eine weitere Aussage des Neurowissenschaftlers in dem besagten Streitgespräch wiedergegeben werden. Diese Aussage betrifft Straftäter, die keinerlei Mitgefühl für ihre Opfer erkennen lassen. Sie betrifft Menschen, die ihre schrecklichen Taten schildern können, ohne eine Regung zu zeigen. Der Neurowissenschaftler sagt – und ich habe in einem besonderen Fall eine ähnliche Erfahrung machen können – Folgendes:

„Es gibt die klassische Prognose für den Typus des sogenannten erfolgreichen Psychopathen, mit dem einige Täter eine gewisse Übereinstimmung haben. Bei denen arbeitet das Fronthirn normal. Sie begehen chronisch Straftaten trotz intakter Impulskontrollen und zeigen keinerlei Reue. Man hält sie fälschlich für steuerungsfähig, weil sie berechnend sind, weil sie mitleidlos planen und schwer zu fassen sind, weil sie weniger Fehler machen als Impulstäter. Deshalb kommen viele von ihnen nicht in die Forensik, sondern in den Regelvollzug. Sozial anpassungsfähig, wie sie sind, werden sie dann besonders gefährlich."

Wie findet man jedoch heraus, wer ein Psychopath ist? Psychiatrische Gutachten sind nicht immer eindeutig, die Grenzen sind fließend. Und Juristen streiten mit der Politik über richtige Maßnahmen zur Rehabilitierung und über Möglichkeiten der Sicherheitsverwahrung.

Die meisten Häftlinge bezeichnen ihre Haft als einen Unglücksfall, sie wollen nach der Entlassung nie wieder in das Gefängnis. Dennoch ist die Zahl der Rückfälligen erschreckend hoch. Man möchte verzweifeln. Allerdings konnte ich Menschen kennen lernen, die im Gefängnis zu Christen wurden und später „draußen" standhaft blieben und nicht mehr straffällig wurden. Es waren wenige. Der Böse ist schlau, unter vielen Vorwänden nähert er sich den Menschen und verführt sie zu Straftaten. Der Mensch denkt, er sei frei und mächtig, er brauche nur selbst und für sich zu entscheiden. Dabei merkt er nicht, dass er Böses tut, dass er „das Werk des Teufels" tut. Dann geht etwas schief, er meint, Gott habe ihn verlassen und er verflucht Gott. In der seelsorgerischen Arbeit mit Gefangenen braucht man Geduld, sehr viel Geduld.

Was bleibt?

„Gepriesen sei der Gott und Vater Jesu Christi, unseres Herrn, der Vater des Erbarmens und der Gott allen Trostes. Er tröstet uns in all unserer Not, damit auch wir die Kraft haben, alle zu trösten, die in Not sind, durch den Trost, mit dem auch wir von Gott getröstet werden" (2 Kor 1,3-4).

Sicherlich habe ich mit meinen Besuchen vielen Menschen im Gefängnis gezeigt, dass sie nicht ausgestoßen sind, dass es „draußen" jemanden gibt, der an sie denkt, der sich für ihr Schicksal interessiert und der für sie betet. Ob sie dadurch Jesus Christus näher gekommen sind, weiß ich nicht. Gott allein weiß es!

Meist bedanken sich die Gefangenen nach meinem Besuch. Wenn sie dann sagen, dass sie sich jetzt wieder mehr als Menschen fühlen, bin ich froh und weiß, dass meine Anstrengung und Mühe in dieser ehrenamtlichen Arbeit nicht umsonst war.

Auch ein Gefangener ist unser Nächster. Er ist ein von Gott geliebtes Mitgeschöpf und in dieser Hinsicht ein Bruder (oder eine Schwester), der, solange er lebt, sich seinem Schöpfer und Erlöser zuwenden kann.

Einzelschicksale

Im Folgenden möchte ich einige typische Schicksale von Gefangenen schildern. Selbstverständlich sind die Geschichten anonymisiert, die Namen geändert. Die von mir besuchten Gefangenen kamen aus mehr als zwanzig verschiedenen Ländern. Ihre Straftaten reichen von Mord über Totschlag, Körperverletzung, Betrug, bis hin zu Drogenschmuggel, Waffenvergehen usw. Besonders ungewöhnlich war für mich der überzeugte Schwarzfahrer, der oft erwischt wurde, aber nie die Bußgelder bezahlte und stattdessen eine sechswöchige Haftstrafe in Kauf nahm. Auch erinnere ich mich genau an die russischen Brüder, die wegen Heiratsschwindel einsaßen. Die meisten der von mir besuchten ausländischen Straftäter waren jedoch wegen Drogenschmuggels verurteilt worden. Die überwiegende Mehrzahl kam aus Ländern der „Dritten Welt" – einige von ihnen waren ganz einfache Menschen, die wohl die Not dazu gebracht hatte, sich auf den Schmuggel einzulassen. Allerdings gab es auch einige mit einer guten Ausbildung, die Geschäftsreisen zum Drogenschmuggel nutzten.

Henry aus Nigeria

Henry aus Nigeria ist 46 Jahre alt, lebte allerdings die letzten Jahre in Italien und hat für dort eine Aufenthaltsberechtigung. In Nigeria hat er eine Frau und vier Kinder, zwei Jungen und zwei Mädchen. Eines der Mädchen, sieben Jahre alt, muss nach einem Unfall dringend an beiden Beinen operiert werden.

Henry gibt an, in Italien in einer Fabrik und in der Landwirtschaft gearbeitet und daneben mit Textilien gehandelt zu haben. Er schickte regelmäßig Geld zu seiner Frau und den Kindern nach Nigeria und flog mindestens einmal im Jahr zu seiner Familie. Henry gehört zur Ethnie der Ibo und ist katholischer Christ. Er spricht ein passables Englisch.

Bei seinem letzten Besuch in Nigeria erhielt er nun von einem der nigerianischen Drogenbosse etwa drei Kilo Drogen und sollte diese nach Italien schmuggeln. Er versteckte sie in einer Tasche mit geräuchertem Fisch, der die Hunde der Drogenfahnder ablenken sollte. Sein Flug ging von Lagos, Nigeria, über Frankfurt nach Rom. Beim Zwischenstopp in Frankfurt wurde er von Zollbeamten erwischt und in U-Haft genommen. Über ein halbes Jahr lang musste er auf seinen Prozess warten. Der Richter verurteilte ihn schließlich zu viereinhalb Jahren Gefängnis; die etwa dreitausend US Dollar, die er bei sich hatte, wurden konfisziert.

Sein vom Land Hessen ernannter Pflichtverteidiger schlägt nun eine Revision vor, und Henry erhofft sich zumindest eine Reduzierung der Haftzeit. Während der U-Haft hatte Henry erfahren, dass bei Ausländern nach der Hälfte der Haftzeit üblicherweise eine Abschiebung in das Heimatland erfolgt. Er fürchtet nun, von zwei Beamten der Bundespolizei bei der Abschiebung bis nach Lagos begleitet zu werden, so dass dort jedermann erfahren kann, dass er in der Bundesrepublik im Gefängnis gesessen hatte. Er versucht, diese Tatsache in dem Dorf, aus dem er stammt, geheim zu halten – nur seine Frau weiß Bescheid; die Kinder glauben, er arbeite im Ausland.

Bei meinem ersten Besuch bat er mich, in Nigeria anzurufen und seine Frau über seine Haft zu informieren. Dies war nicht so einfach, da sie anscheinend in einem Gebiet Nigerias lebt, welches nur unvollständig an ein Funknetz angeschlossen ist. Nach etlichen vergeblichen Versuchen und vielen Unterbrechungen kam ich endlich durch und konnte mit der Frau sprechen. Sie weinte und ich gab ihr die Adresse der Haftanstalt. Seitdem korrespondiert Henry mit ihr. Ihre Existenz und die ihrer Kinder hängen nun gänzlich von der Hilfe der Verwandten ab.

Bei meinen Besuchen lesen wir zusammen Abschnitte aus der Bibel, da Henry sich sehr interessiert zeigt. Ich brachte ihm eine englische Bibelausgabe mit, die er in seiner Zelle aufbewahrt. Donnerstags hat die evangelische Seelsorge des Gefängnisses eine Bibelstunde für die zahlreichen afrikanischen Gefangenen der Haftanstalt organisiert. Wie ich gehört habe, sind dort jeden Donnerstag bis zu zwanzig Afrikaner versammelt, die die Veranstaltung auch selbst gestalten. Umgangssprache ist Englisch. Henry hat mir erzählt, dass auch er schon in dieser Gruppe über christliche Themen gesprochen hat. Afrikanische Religiosität erscheint uns manchmal etwas befremdlich, da Afrikaner ihren Glauben im Vergleich zu Europäern sehr emotional leben und ausdrücken.

Sobald die Strafe für Henry rechtskräftig geworden ist, wird er wohl in eine andere Haftanstalt verlegt werden. Während der U-Haft konnte Henry einige Zeit im Gefängnis arbeiten. Einen Teil seines geringen Lohnes hat er, wie er mir versicherte, an seine Familie geschickt. Die folgende Strafhaft in einem anderen Gefängnis wird ihm dann Gelegenheit geben, etwas regelmäßiger arbeiten zu können und seine Familie besser zu unterstützen. Im Augenblick werden Gefangene mit nicht zu langen Freiheitsstrafen – wie Henry – in die neue, halb privat geführte JVA Hünfeld geschickt, wo die Arbeitsmöglichkeiten recht gut sind.

Thomas aus Deutschland

Thomas habe ich kurz nach seiner Inhaftierung bei einem Besuch kennengelernt. Er war sehr verzweifelt. Eines Morgens war er überraschend verhaftet worden, da ihm ein Computerbetrug vorgeworfen wurde: Er habe Ware verkauft, die er selbst noch nicht einmal besessen habe.

Thomas, einundvierzig Jahre alt, ging im Rhein-Main-Gebiet einer Arbeit als Computerspezialist nach, war verheiratet und hatte eine zwölfjährige Tochter, besaß ein Haus, auf dem noch eine hohe Hypothek lastete, ein Auto und einen Hund. Seine Eltern wohnten in der Nähe von Düsseldorf. Im Rhein-Main-Gebiet hatte er keine Verwandten, nur einen Freundeskreis. Außerdem war er in einem Verein seiner Gemeinde stark engagiert.

Nach einem Gespräch mit dem katholischen Gefängnisseelsorger bat Thomas um meinen Besuch. Bei unseren häufigen Gesprächen war er immer sehr erregt und vermochte seine Inhaftierung nicht zu akzeptieren. Sein Anwalt wurde von ihm bzw. von seinen Eltern bezahlt. Thomas behauptete, nie einen Betrug geplant zu haben und die fehlende Ware noch beschafft haben zu wollen. Er hatte das Abitur und machte auf mich generell einen guten Eindruck.

Thomas wurde in der Folge für seine Tat, die ich nicht genau beurteilen kann, sehr hart bestraft. Seine Firma versprach zuerst, seine Stelle einige Monate für ihn frei zu halten. Seine Frau dagegen trennte sich schon in den ersten Wochen von ihm. Sie stand wohl unter dem Druck ihrer Verwandtschaft, denn man legte ihr nahe, sich von ihrem Mann, der nun im Gefängnis saß, zu trennen. So zog die Frau mit der Tochter zu ihren Eltern und gab das Haus zurück an die Bank. Ich vermute, dass seine Ehe schon vor der Haft nicht in Ordnung war, obwohl Thomas das vehement bestritt. Freunde von Thomas schrieben ihm in den ersten Wochen, besucht aber hatte ihn keiner. Auch von seinem Verein hörte er während der Haft nichts. Seine Frau blieb nach einigen Besuchen fern, nur die zwölfjährige Tochter kam regelmäßig. Nach jedem ihrer Besuche war Thomas sehr aufgewühlt. Schließlich kamen seine Eltern aus Nordrhein-Westfalen zu Besuch und versicherten ihm ihre Unterstützung.

Der Prozessbeginn wurde immer wieder verschoben. Zwischenzeitlich teilte ihm sein Arbeitgeber mit, dass er leider entlassen werden müsse. Nach etwa einem Jahr fand endlich der Prozess statt. Thomas wurde zu einer Strafe verurteilt, deren Haftteil durch die U-Haft als verbüßt galt, und noch am Gerichtstag wurde er in die Freiheit entlassen. Er zog dann erst einmal zu seinen Eltern, von wo er mir eine Postkarte schrieb. Bei ihm hatte ich es beispielsweise schwer, über den Glauben zu sprechen, er war für religiöse Themen kaum zugänglich.

Mike, US-Amerikaner

Mike, einen Afro-Amerikaner von fünfunddreißig Jahren, habe ich ebenfalls kurz nach seiner Inhaftierung in einer Bibelstunde kennengelernt. Mike war sehr deprimiert; er hatte seine Freundin im Streit getötet. Angeblich war er betrunken und stand unter Drogeneinfluss, als er die Tat beging. In der Haftanstalt gab man ihm Psychopharmaka, um ihn zu beruhigen.

Mike war aus der US Armee entlassen worden und hatte als Fahrer bei einem Paketzustelldienst gearbeitet. Mit seiner deutschen Frau hat er zwei Töchter im schulpflichtigen Alter. Während des Prozesses gab Mike seine Schuld vollständig zu und zeigte große Reue. Er wurde wegen Totschlags zu neun Jahren Gefängnis verurteilt. Nachdem das Urteil rechtskräftig geworden war, wurde Mike nach Butzbach überführt, wo ich ihn weiterhin besuchte.

Mike gab an, einer baptistischen Kirche anzugehören. Im Gespräch zeigte er sich religiösen Dingen gegenüber offen, wir lasen oft in der Bibel und sprachen über die einzelnen Textstellen. Er erzählte, dass er als Kind von seiner Mutter regelmäßig in den Gottesdienst mitgenommen worden sei. Sein Vater, so sagte er, sei früh verstorben. Seine Großmutter war eine Indianerin aus dem Stamm der Cherokee.

Mikes Problem war der Alkohol. Er sagte, nach dem Genuss von Alkohol sei er immer völlig enthemmt, und er habe auch schon einige Zeit eine Gruppe der anonymen Alkoholiker besucht.

In der JVA Butzbach gelang es Mike schon recht bald, an einem Kurs für Schweißer teilzunehmen. In den ersten Jahren seiner Haft bestand er alle entsprechenden Prüfungen und war sehr stolz darauf. Mike war darüber hinaus noch sehr aktiv: Neben einem Computerkurs und einem Spanischkurs besuchte er regelmäßig eine Arbeitsgruppe für Kunst. Im Chor der Anstalt war er ein geschätztes Mitglied. Eine seiner Plastiken war in einer Ausstellung der Gefangenenkunst in Mainz zu sehen und wurde sogar im Prospekt der Ausstellung erwähnt.

Mich bezeichnete Mike immer als seinen guten Freund. Einmal hat er für mich ein Portrait gezeichnet, von einer Photographie als Vorlage. Überhaupt waren seine Zeichenkünste in der Anstalt sehr gefragt. Seine Mitgefangenen standen praktisch Schlange, um von ihm ein Bild zu bekommen. Mike kassierte für seine Kunst Nahrungs- und Genussmittel sowie Briefmarken. Neben all diesen Aktivitäten war Mike auch regelmäßig in der Sporthalle und trainierte dort an den Gewichten seine Muskeln.

Besuch bekam Mike von seinen Töchtern. Seine Frau hatte sich von ihm getrennt. Die minderjährigen Töchter wurden regelmäßig von einer Mitarbeiterin des Jugendamtes zu Besuch gebracht. Auf diese Besuche freute sich Mike sehr.

Eines Tages beichtete mir Mike, dass er Interesse am Islam gefunden habe. Wie ich herausfand, war Mike in einem Trakt des Gefängnisses untergebracht, in dem etliche militante Islamisten untergebracht waren, die eine geschlossene Gruppe bildeten. Zur Zeit des Ramadan gab Mike vor, auch Muslim zu sein und fastete mit den anderen. Ich habe diese „Konversion" vorsichtig thematisiert. Er hat sich aber immer um eine klare Diskussion gedrückt.

Nach einer viereinhalbjährigen Haft – der Hälfte seiner Haftstrafe – wurde Mike, begleitet von zwei Bundespolizisten, in die USA abgeschoben. Seitdem haben weder ich noch seine ehemaligen Mitgefangenen etwas von ihm gehört, die versprochene Nachricht habe ich nie erhalten.

Giorgio, ein US-Amerikaner

Ich habe Giorgio in Weiterstadt bei den Bibelstunden kennengelernt. Giorgio ist ein kleiner, fast kahlköpfiger alter Mann, Ende sechzig, US-Amerikaner italienischer Abstammung. Er war nach dem Zweiten Weltkrieg als Junge mit seinen Eltern von Sizilien in die USA ausgewandert.

Giorgio stand unter Verdacht, seine Beziehungen zur US-Air Force auf dem Rhein-Main-Flughafen dazu ausgenutzt zu haben, einen schwunghaften

Handel mit illegalen Handfeuerwaffen zu betreiben. Er wurde zu vier Jahren Haft verurteilt.

Während des Koreakrieges diente Giorgio in der US-Army und war nach seinem Ausscheiden als Zivilangestellter bei der Air Force in Frankfurt beschäftigt. Nach seinem Dienst bei der Armee lernte Giorgio in Frankfurt eine in Deutschland lebende Sizilianerin kennen und sie heirateten. Die Ehe blieb kinderlos, war aber – wie ich verstand – sehr temperamentvoll verlaufen und nicht gerade harmonisch. Giorgio hatte am Rande Frankfurts ein kleines Häuschen erworben und lebte dort mehr oder weniger friedlich mit Frau, Auto und Hund, so seine Schilderung, und genoss seinen Ruhestand. Wenn da nicht die illegalen Waffen gewesen wären.

In den ersten Wochen nach seiner Inhaftierung hatte Giorgio keinen Kontakt zu seiner Frau. Er beklagte sich nicht darüber, jammerte aber, dass er nun keinen Kontakt zu seinem geliebten Hund haben könne. Später, nachdem Giorgio in die JVA Butzbach verlegt worden war, besuchte ihn seine Frau gelegentlich – natürlich ohne Hund!

Ich habe Giorgio bis zur Verbüßung seiner Halbstrafe in Butzbach oft besucht. Danach wurde er, trotz seinen Alters und einer Herzerkrankung, die ihn einige Zeit in das Gefängnishospital gebracht hatte, von zwei Bundespolizisten in Handschellen nach New York geflogen. Eine der Auflagen war, dass er die nächsten fünf Jahre den Boden der Bundesrepublik nicht betreten darf. Das war besonders hart für ihn, da er in der Bundesrepublik ein Haus besaß und eigentlich hier seinen Lebensmittelpunkt sah. Giorgio zog in New York in das Haus seiner fast neunzig Jahre alten Mutter, in dem auch einer seiner Brüder mit seiner Familie wohnte. Er hat mir oft geschrieben, über den Tod seiner Mutter und dass er einen Urlaub in Sizilien verbracht hat. Was aus Frau, Haus und Hund geworden ist, hat er nie erwähnt.

In der Haftanstalt war er meist mit italienischen Gefangenen zusammen, er sprach neben seinem Amerikanisch mit New Yorker Akzent fließend Italienisch. „Natürlich" war er katholisch, wenn auch nicht besonders fromm. Wir konnten oft über religiöse Themen sprechen und lasen zusammen bei jedem Besuch auch eine Zeit in der Bibel. Zum Abschied schenkte ich ihm ein Kruzifix, das er, so schien es wenigstens, dankbar annahm.

Ein Ereignis in seinem Leben belastete ihn besonders und wir sprachen oft darüber: Während des Korea-Krieges war einer seiner Kameraden nach einem Granatenbeschuss schwer verwundet worden und litt unter starken Schmerzen. Nun hatten alle US-Soldaten für einen solchen Fall eine Morphiumspritze im Gepäck. Diese Spritze war jedoch ein beliebtes Handelsobjekt; der verwundete Kamerad hatte seine Spritze verhökert, weshalb er sich gegen seine Schmerzen kein Morphium spritzen konnte. Giorgio selbst besaß seine Spritze noch, gab sie aber nicht dem schwer verwundeten und sterbenden Kameraden, weil er sie für sich selbst aufheben wollte. Dies belastete Giorgio seitdem, ich denke, es reute ihn entsetzlich. Er sagte immer wieder: „Warum hat dieser Idiot auch seine Spritze verkaufen müssen!" Ich hoffe, Giorgio findet eines Tages seinen Frieden und Vergebung.

David, britischer Staatsbürger

Auch David habe ich zuerst während seiner U-Haft in Weiterstadt kennengelernt. Er war sehr verzweifelt und kam zu mir zum Einzelgespräch. David war etwa Mitte vierzig, trug einen kahl geschorenen Kopf und hatte eine „Boxernase". Er hatte erfahren, dass seine Freundin ihn verlassen hatte und nun mit seinem ältesten Sohn zusammenlebte. Dies setzte David sehr zu. Er verfluchte seinen Sohn und war vollkommen deprimiert, voller Aggression und Eifersucht. Der Anstaltsarzt gab ihm Beruhigungsmittel, da man ihn für selbstmordgefährdet hielt.

David war geschieden und hatte zuletzt mit seinen beiden Söhnen, einer etwas über zwanzig, der andere noch minderjährig, in Spanien gelebt und dort eine Bar betrieben. Seine junge Freundin lebte ebenfalls in der Familie. Auch seine Eltern lebten nicht fern von ihm als Rentner im gleichen Ort.

David war angeklagt und verurteilt wegen bandenmäßigen Drogenhandels. Er galt den Behörden als Drahtzieher eines internationalen Drogenringes.

Ursprünglich war er in Großbritannien verhaftet worden, hatte dort einige Zeit im Gefängnis gesessen und war dann an die Bundesrepublik ausgeliefert worden. Hier wurde er erneut verurteilt. Nach seiner Strafe rechnete er mit einer Auslieferung an Frankreich oder Spanien, wo ebenfalls Haftbefehle gegen ihn vorlagen. David erzählte mir keine Einzelheiten, beteuerte aber immer, unschuldig zu sein und nur einige Telefongespräche im Zusammenhang mit der Verhaftung seines ältesten Sohnes geführt zu haben, der auch einige Zeit vor ihm in Weiterstadt eingesessen hatte, zwischenzeitlich aber wieder frei war.

David wurde schon bald von Weiterstadt in die JVA Butzbach verlegt. Ich habe ihn dort mehrere Jahre besucht, wir sprachen über seine Zukunft und gelegentlich über religiöse Themen. David war in der anglikanische Kirche getauft worden und durchaus an religiösen Themen interessiert. Die Möglichkeit, in Butzbach im Metallbereich arbeiten zu dürfen, half ihm sehr, seine Depressionen zu überwinden. Zwei Mal besuchten ihn auch seine Eltern aus Spanien und sein jüngster Sohn.

Ich denke, dass er nach unseren Gesprächen in der Lage war, den Vertrauensbruch seines ältesten Sohnes zu vergeben. Auch für seine ehemalige Freundin zeigte er Verständnis. David war aber bis zuletzt nicht bereit, eine Schuld in der Drogengeschichte, für die er verurteilt war, einzugestehen. Ich hatte manchmal den Eindruck, er betrachtete die Drogengeschichte und die Haft einfach als eine Art Berufsrisiko und akzeptierte, im Gefängnis gelandet zu sein.

Eines Tages war David überraschend nach Spanien abgeschoben worden. Etwa ein Jahr später bekam ich von ihm eine Postkarte aus Spanien, in der er mir mitteilte, dass er nun endlich frei sei.

Chantri, Indien

Chantri war für mich ein besonders tragischer Fall. Seine Tat fand in den Medien des Rhein-Main-Gebietes große Resonanz: Chantri wurde wegen der Tötung seiner beiden etwa drei und fünf Jahre alten Jungen zu lebenslänglicher Haft verurteilt. Das Gericht hatte ihm besondere Grausamkeit und Schwere der Schuld zugesprochen, so dass Chantri sicher einer Haftstrafe von über fünfzehn Jahren entgegenzusehen hat.

Ich habe Chantri zuerst in der Bibelgruppe in Weiterstadt kennengelernt. Dort verhielt er sich unauffällig und gab an, Christ zu sein. Aus seinen gelegentlichen Bemerkungen konnte man entnehmen, dass er wegen eines Drogendelikts einsaß.

Nach der Auflösung der Bibelgruppe traf ich Chantri bei meinen Einzelbesuchen. Als er zu unserem zweiten Treffen nicht erschien, erfuhr ich, dass er im Gefängniskrankenhaus sei, da ihn Mitgefangene zusammengeschlagen hätten. Da ich den Auslöser für die Schlägerei erfahren wollte, erkundigte ich mich bei den Bediensteten. Nun, Chantris Prozess war ausgiebig in der Boulevardpresse und im lokalen Fernsehen geschildert worden. Er war auf den gezeigten Bildern deutlich zu erkennen gewesen. Wie das in Gefängnissen üblich ist, werden sogenannte Kinderschänder und Kindermörder von den Mitgefangenen gehasst. Sie stehen ganz unten in der Gefängnishierarchie und werden oft misshandelt. So geschah es auch mit Chantri. In Butzbach gibt es deshalb eine besondere Abteilung für diese Gefangenen, damit sie nicht mit anderen Häftlingen in Kontakt kommen. Warum dieser Hass gerade im Gefängnis so deutlich ausgeprägt ist, wäre für den Psychologen eine interessante Frage.

Als Chantri wieder genesen war, trafen wir uns erneut. Er erzählte mir verschiedene Geschichten. Einmal gab er an, aus Sri Lanka zu stammen und dort eine Frau, Kinder und eine große Kokospalmplantage zu besitzen. Dann wiederum gab er an, aus der Nähe von Bombay zu stammen und Ingenieur zu sein. Er habe, so sagte er auch gelegentlich, als Arbeiter auf einer Ölplattform im persischen Golf gearbeitet. Wie und warum er in Deutschland war, konnte ich nicht erfahren. Schon bald habe ich ihm keine der Geschichten mehr geglaubt. Sicher war wohl, dass er vor seiner Inhaftierung in der Bundesrepublik gelebt hat.

Sicher war auch, dass er hier eine Inderin geheiratet hat und mit ihr zwei Buben bekam. In der Zeit vor der Tat lebte er von seiner Frau getrennt.

Eines Sonntags wollte er angeblich das ihm zugesprochene Besuchsrecht bei seinen Kindern wahrnehmen und die Buben zu einem Sonntagsausflug mit dem Fahrrad abholen Chantri gab vor Gericht und mir gegenüber an, dass er die beiden Buben am Fahrrad angekettet habe, damit sie nicht plötzlich wegliefen oder vom Fahrrad fielen. Dann habe er am Main Rast gemacht, und plötzlich sei ihm ein Insekt ins Auge geflogen und die Kinder seien mit dem Fahrrad in den Main gerollt. In dem dunklen Wasser habe er keine Chance gehabt, die Kinder zu retten. Eine unwahrscheinliche Geschichte. So befand auch das Gericht und sprach ihn des Mordes schuldig. Weshalb die Kinder angekettet waren, konnte Chantri nie glaubhaft machen.

Die Gespräche mit ihm drehten sich immer um sein Urteil, welches er als ungerecht empfand, da alles nur ein Unfall gewesen sei. Ich habe oft versucht, mit ihm über Gott und dessen Liebe zu sprechen. Wir haben auch miteinander gebetet. Gespräche dieser Art schienen ihn aber nicht tiefer zu berühren, sie blieben oberflächlich. Chantri schimpfte auf die Anwälte und das deutsche Gerichtswesen. Mich erschreckte, dass er nie auf das schreckliche Schicksal der Kinder einging, dieses Thema schien ihn überhaupt nicht zu berühren. Eines Tages versuchte er, über mich einen Grabschmuck für seine Kinder zu organisieren. Er trug diesen Wunsch mehrfach und in geschäftsmäßigem Ton vor. Ich wollte diesem Wunsch nicht entsprechen und habe ihn an seine Frau bzw. deren Verwandte verwiesen. Mein Vorschlag hat ihn, wie es schien, nicht interessiert. Seine Frau besuchte ihn nie. Er hätte ihr aber schreiben können. Ich vermutete, der erwünschte Grabschmuck sollte ihn in günstigem Licht für eine von ihm geplante Eingabe bei einem höheren Gericht erscheinen lassen.

Eines Tages verweigerte er dann meinen Besuch. Auch mein zweiter Versuch, ihn nochmals zu sprechen, blieb erfolglos. Ich habe nichts mehr von ihm gehört. Sicher ist er bald danach zur Verbüßung seiner Haft in eine andere Haftanstalt verlegt worden.

Lange habe ich über seinen Fall nachgedacht. Mir ist dann so manches über die indische Gesellschaft und die Vielfalt indischer Kultur eingefallen, lebte ich doch selbst eine gewisse Zeit lang in Indien. Witwenverbrennungen mögen weitgehend der Vergangenheit angehören, doch ist die Frau in dieser Gesellschaft vielfach noch dem Mann deutlich untergeordnet. Sie ist gleichsam Eigentum des Mannes und Kinder gehören zu ihr, sind ein Teil ihrer selbst.

Im Falle Chantri könnte ich mir vorstellen, dass dieser nach der Trennung von seiner Frau diese bestrafen wollte, indem er „ihre" Kinder tötete. So zeigte Chantri in diesem Fall auch keine väterlichen Gefühle. Gott weiß es. Das Gericht hat nach hiesigen Maßstäben geurteilt.

Herald, US-Amerikaner

Auch Herald habe ich ursprünglich in der Bibelstunde in der JVA Weiterstadt kennengelernt und nach seiner Verlegung nach Butzbach weiterhin regelmäßig besucht. Er ist etwa Mitte dreißig, wurde als Kind einer amerikanischen Soldatenfamilie in Deutschland geboren, zog mit seiner Familie, je nach Stationierung seines Vaters, durch die halbe Welt und absolvierte die High School. Danach war er einige Zeit auf einem College in den USA. Ob er das College abgeschlossen hat, ist mir nicht bekannt. Zuletzt, so sagte er, habe er für eine Ölfirma in Neuseeland gearbeitet und auch die Staatsangehörigkeit dieses Landes erworben. Dies bezweifelte ich, denn nach Verbüßung seiner Haftstrafe in Deutschland sollte er in die USA und nicht nach Neuseeland abgeschoben werden. In den USA allerdings wartete, wie er sagte, ein weiterer Haftbefehl auf ihn.

Herald war protestantisch erzogen worden und kannte die Bibel fast auswendig. Seine Äußerungen blieben aber immer irgendwie oberflächlich, geschäftsmäßig, möchte ich fast sagen. Auch legte er großen Wert auf sein Aussehen und hatte zumindest in der Zeit seiner U-Haft schicke Kleidung an. Probleme hatte er wohl mit der Ehrlichkeit. Seine Spezialität waren Scheck- und Kreditkartenbetrügereien. Er saß auch, wie er erwähnte, in den USA wegen ähnlicher Delikte bereits im Gefängnis. Herald versuchte nichts abzustreiten und akzeptierte die Haftstrafe von vier Jahren. Er betonte nur immer wieder, dass er ja gar nicht betrügen, sondern nur alle „Schulden" zurückzahlen wollte.

Nach etwa zwei Jahren ist Herald in die USA abgeschoben worden. Die von ihm versprochene Postkarte habe ich nie erhalten. Vermutlich sitzt er jetzt in einem US-Gefängnis.

Ben aus Nigeria

Ben habe ich lange in Weiterstadt besucht, bis er dann eines Tages in ein anderes Gefängnis verlegt wurde. Er war wegen Drogenbesitzes bei der Zwischenlandung von Lagos nach der Volksrepublik China festgenommen und zu drei Jahren und sechs Monaten Haft verurteilt worden. Er hatte die Drogen in Kapseln verpackt geschluckt, war am Flughafen aufgefallen, geröntgt und dann inhaftiert worden.

Ben, gerade sechsundzwanzig Jahre alt, hatte von seinem „Meister", wie er sagte, den Auftrag erhalten, in die Volksrepublik China zu fliegen. Neben dem Drogentransport sollte er reparaturbedürftige mobile Telefone sowie Bargeld nach China bringen. Das Geld sollte zum Kauf weiterer Telefone verwendet werden, wie er sagte. Alle Telefone und das Geld nahm man ihm am Frankfurter Flughafen ab. Ben ist unverheiratet; er sah eigentlich, wie mir schien, relativ unbeschwert seiner Entlassung nach Verbüßung der Haftstrafe entgegen. Er sagte, er sei in Gottes Hand und Beten könnte helfen, dass er vielleicht doch früher entlassen werde. In der JVA durfte er in der Küche arbeiten. Er informierte seine verwitwete Mutter brieflich über die Haft und meinte, seine Brüder würden sich um die Mutter kümmern.

Als ich mich nach dem von ihm erwähnten „Meister" erkundigte, klärte er mich auf: Dieser „Meister" ist wohl so etwas wie ein Mafiaboss, der junge Leute in seine Gruppe aufnimmt und ihnen riskante Aufträge gibt, bei denen sie sich bewähren müssen. So kann das Mitglied in der Gruppe aufsteigen. Um die Zeit nach seiner Entlassung sorge er sich nicht, da der „Meister" für ihn sorgen werde.

Ich machte Ben darauf aufmerksam, dass er dem Herrgott dafür danken kann, in Deutschland erwischt worden zu sein und nicht in China, wo er vielleicht hingerichtet worden wäre. Wir sprachen mehrfach darüber, und ich denke, Ben hat seine Haft als Hinweis verstanden. Wir beteten regelmäßig zusammen. Ben sagte, dass er nicht mehr kriminell werden wolle und ein gottgefälliges Leben zu führen beabsichtige.

Ben ist jung und die Verhältnisse, die er in Nigeria vorfinden wird, sind sehr, sehr schwierig. Ob es ihm gelingt, nicht wieder straffällig zu werden?

Alexander aus Deutschland

Eines Tages bekam ich einen Anruf von der katholischen Seelsorge in Weiterstadt. Man bat mich, möglichst bald den Gefangenen Alexander zu besuchen.

Alexander, etwa Mitte vierzig, war erst vor wenigen Tagen verhaftet worden. Er hatte sich bei der Polizei gestellt und gestanden, seine Freundin vor Eifersucht im Streit erschlagen zu haben.

Als Alexander zu mir in das Gesprächszimmer kam, war er völlig aufgelöst. Unter Tränen berichtete er über die Tat, wie er über einen längeren Zeitraum seine Freundin mit Eifersucht verfolgt, sich mit ihr gestritten, sich wieder versöhnt und sie schließlich in einem Anfall besinnungslosen Zorns erschlagen habe. Erst jetzt in der Haft schien er die ganze Tragweite seiner Tat zu erfassen.

Vor der Tat hatte Alexander das, was man wohl ein bürgerliches Leben nennt, geführt. Er übte einen technischen Beruf aus und hatte seit längerer Zeit ein Verhältnis mit der ebenfalls unverheirateten Frau gehabt. Wieweit diese ihm Anlass zur Eifersucht gegeben hatte, konnte ich nicht erfahren. Über Freunde oder Verwandte hat Alexander nicht gesprochen. Ich konnte die ganze Zeit nur zuhören. Das abschließende Gebet nahm er nur geistesabwesend wahr.

Kurze Zeit später besuchte ich ihn wieder. Das gleiche Bild. Er war grenzenlos verzweifelt und weinte fast ununterbrochen – ich fühlte mich etwas hilflos. Vielleicht hat es ihm ein bisschen geholfen, dass ich ihm geduldig zugehört habe.

Ein weiteres Gesprächsangebot lehnte er ab; ich weiß nicht, was aus ihm geworden ist.

Xui aus der Volksrepublik China

Der katholische Seelsorger in Weiterstadt bat mich, Xui zu besuchen. Xui ist achtundzwanzig Jahre alt, kommt aus der Volksrepublik China und lebte seit etwa sechs Jahren in Frankfurt, wo er an der Musikhochschule Klavier studierte. Als ich auf seine Hände schaute, sah ich tatsächlich die Hände eines Pianisten. Xui macht einen gebildeten, wohlerzogenen Eindruck und spricht fließend Deutsch. Sein Onkel in China ist, wie er sagt, lutherischer Pastor, er selbst stammt aus einem christlichen Elternhaus.

Xui ist wegen schwerer Körperverletzung und räuberischer Erpressung zu drei Jahren und sechs Monaten Haft verurteilt worden. Er befand sich noch in U-Haft, da sein Anwalt die Revision seines Urteils erreichen wollte. Wie sich später herausstellte, war der Versuch erfolglos.

Xui erzählte mir, er habe einem Freund, der in Frankfurt illegal gelebt und gearbeitet hatte und angeblich von seinem chinesischen Arbeitgeber um Lohn geprellt worden war, mit einer gewalttätigen Aktion helfen wollen. Xui hatte dem Arbeitgeber des Freundes – maskiert mit einer Sturmhaube – in einem Hausflur aufgelauert und Geld für seinen Freund gefordert. In dem anschließenden Gerangel trat er dem anderen Mann so an das Knie, dass, zumindest laut Anklageschrift, dessen Kniescheibe zertrümmert worden sei. Xui jedoch betonte, dass dies nicht stimmen könne, denn schon wenige Tage nach dem Zwischenfall sei der Geschädigte nach China und wieder zurück geflogen. Und in dem bald darauf erfolgten Prozess sei der angeblich Geschädigte ohne Gehhilfe und flotten Schritts in den Gerichtssaal gekommen.

Xui fühlte sich schuldig und meinte, eine jugendliche Dummheit begangen zu haben. Die Strafe allerdings empfand er als viel zu hoch, zumal, wie er sagte, eine Haftstrafe von über drei Jahren es ihm verwehrte, nach der Entlassung in der Bundesrepublik bleiben zu dürfen und dort sein Studium abzuschließen.

Xui bekannte sich zum Christentum, wenn es auch für mich nicht leicht war, ein vernünftiges Glaubensgespräch mit ihm zu führen. Er kam immer wieder auf die Höhe seiner Strafe zu sprechen und klagte das Gericht unchristlichen Verhaltens an. Er träumte davon, eines Tages in China eine Schule für Klavierunterricht zu eröffnen. Dafür wäre es natürlich wichtig, ein entsprechendes Examen an einer Musikhochschule zu machen.

Xui erschien mir immer als gut erzogener und intelligenter junger Mann, der eine jugendliche Dummheit begangen hat. Offensichtlich machte er auch auf die Bediensteten der JVA einen guten Eindruck. Er durfte in der Bibliothek arbeiten und nutzte die Zeit, um viel zu lesen und vor allem, um seine englischen Sprachkenntnisse zu verbessern. Ich habe dann mit ihm auch englische Bibeltexte gelesen, was ihm sichtlich Freude machte.

Niemand hat Xui besucht, gelegentlich durfte er aber mit seinen Eltern in China telefonieren. Ich hatte den Eindruck, dass sie sich sehr um ihn sorgten.

Joseph, staatenlos

Joseph war ein etwas ungewöhnlicher Fall. Als ich ihn zum ersten Mal besuchte, saß er schon fast ein Jahr hinter Gittern. Er gab an, staatenlos zu sein, war etwa Mitte vierzig und angeklagt, falsche Pässe benutzt sowie gegen das Waffengesetz verstoßen zu haben. Joseph hatte ursprünglich die österreichische Staatsangehörigkeit, war das Kind einer katholischen Mutter und eines jüdischen Vaters. In jungen Jahren war er, wie er sagte, in die Fremdenlegion gegangen und habe dadurch, auf Grund entsprechender österreichischer Gesetze, seine Staatsangehörigkeit entzogen bekommen. Alle seine Bemühungen seit jener Zeit, die Staatsangehörigkeit wieder zu erlangen, seien erfolglos geblieben.

Joseph, der sich selbst als Jude bezeichnete, war äußerst höflich und gebildet. Wir haben uns immer angeregt über den christlichen und jüdischen Glauben unterhalten können. Er hatte eine Tochter mit einer Österreicherin, die er, wie er sagte, bislang nicht heiraten konnte, da er keine Staatsangehörigkeit habe.

Nach seiner Zeit bei der Legion begann Joseph einen Handel mit Schmuck und Edelsteinen, vor allem, wie er sagte, mit dem Kongo. Da er für diese Art von Geschäften einen Reisepass brauchte, verfiel er auf die Idee, sich gefälschte Pässe zu beschaffen. Für Israel benutzte er dann einen anderen Pass als für arabische Länder usw.! Wegen des Schmucks und der Edelsteine habe er sich zum Selbstschutz eine Pistole besorgt. Eines Tages verriet ihn dann wohl ein Konkurrent, wie er annahm, und die Polizei stand vor der Tür und verhaftete ihn. Eine abenteuerliche und dubiose Lebensgeschichte.

Unsere Gespräche drehten sich vorwiegend um religiöse Themen, über das Verhältnis von Christentum und Judentum. Joseph war wohl informiert. Seine Lebensgeschichte erschien mir aber seltsam. Besonders wenn er gelegentlich andeutete, auch bei der Polizei unter Verdacht zu stehen, mit ausländischen Geheimdiensten in Kontakt gestanden zu haben.

Eines Tages war er nicht mehr in Weiterstadt und niemand konnte mir sagen, wo er abgeblieben ist. Er hat mir auch nicht an die ihm, wie allen Gefangenen, gegebene Postadresse bei meiner Gemeinde geschrieben.

Ata, Türke

Ata, Muslim und etwa Mitte dreißig, war wegen verschiedener Sexualdelikte im Gefängnis. Er hatte psychische Probleme, es mangelte ihm an dem Vermögen, zu anderen Menschen eine soziale Distanz einzuhalten. In der JVA durften nur Männer in seine Nähe kommen, denn weibliche Bedienstete wurden von ihm immer angegrabscht. Ata hatte schon mehrere Strafen hinter sich und verbrachte auch bereits einige Zeit in der Psychiatrie. Seine letzte Verurteilung zu mehreren Jahren Gefängnis erfolgte wegen Vergewaltigung und sexueller Nötigung.

Atas Verhalten war völlig distanzlos. Ich besuchte ihn, weil mich der katholische Seelsorger darum gebeten hatte. Ata sprach so ziemlich jeden in der Anstalt an, wohl auch den katholischen Seelsorger. Wenn ich mit Ata im Sprechzimmer zusammen war, griff er oft ungeniert nach meiner Hand, um meinen Ring zu betrachten oder meine Armbanduhr zu begutachten und mich dann zu bitten, ihm Uhr oder Ring zu schenken. Manchmal fanden auch mein Kugelschreiber oder schriftliche Unterlagen sein Interesse. Ich habe ihm natürlich diese Dinge nicht gegeben. Er bat mich, ihm eine muslimische Gebetskette mit 33 Perlen zu beschaffen, was ich auch tat. Beim nächsten Besuch allerdings sagte er, ein muslimischer Mitgefangener habe sie ihm mit Gewalt abgenommen, und so habe ich ihm eine neue Gebetskette besorgt. Dies war jedoch sein einziges Interesse an religiösen Dingen.

Ata sagte, dass weder seine Eltern noch seine Schwester etwas mit ihm zu tun haben wollten. Nur ein Onkel, ein Bruder seines Vaters, habe sich in der Vergangenheit etwas um ihn gekümmert. Er bat mich, den Onkel anzurufen und ihn um einen Brief oder einen Besuch zu bitten. Ich rief an und der Onkel, der einen sehr vernünftigen Eindruck auf mich machte, versprach, sich um Ata zu kümmern.

Bald wurde Ata von Weiterstadt nach Butzbach verlegt. Ich habe ihn dort besucht. Eines Tages wurde er mir nicht zugeführt. Man sagte mir, Ata habe randaliert, da es ihm zu lange gedauert habe, bis er mir zugeführt werden konnte. Er wurde in den sogenannten „Bunker", eine kahle Strafzelle ohne Fenster und Gegenstände, gesperrt. Bei meinem nächsten Besuch in Butzbach soll sich das Gleiche zugetragen haben. Beim folgenden Besuch ließ Ata mir ausrichten, kein Interesse mehr an weiteren Gesprächen zu haben. Ata ist sicher ein Grenzfall zwischen Psychiatrie und Gefängnis.

William, US-Amerikaner

Mit William, einem Afro-Amerikaner, beschäftigte ich mich gedanklich am meisten, da er mir viele Probleme bereitete. Oft wollte ich aufgeben und ihn nicht mehr besuchen. Ja, manchmal empfand ich einen regelrechten Hass gegen ihn, den ich nur mit der Zeit überwand.

William habe ich sozusagen geerbt. Ein Teilnehmer unserer Gefangenenhilfsgruppe aus Großbritannien musste aus beruflichen Gründen eines Tages wieder zurück in seine Heimat. Er bat mich, einen seiner Gefangenen in Butzbach weiterhin zu besuchen. Ich sagte zu und besuchte William monatlich gut zehn Jahre lang.

Bei meinem ersten Besuch trat mir William freudig lachend und völlig unbefangen entgegen. Es schien, als würden wir uns schon lange kennen. William sprach die ganze Zeit von sich, er erzählte von seiner Tat, sprach über eine Tochter aus erster Ehe und erklärte, dass er sich im Gefängnis in Acht nehme, um eines Tages gesund entlassen zu werden. Ich hatte einen durchaus positiven Eindruck von ihm.

William war zu lebenslanger Haft verurteilt worden. Er hatte seine von ihm getrennt lebende Frau aus zweiter Ehe und die zwei etwa drei- und fünfjährigen kleinen Töchter getötet.

Vor der Tat hatte er acht Jahre lang in der US-Armee gedient, hatte eine Deutsche geheiratet und mit ihr eine Tochter bekommen. Nach seiner Entlassung aus der Armee blieb er in Deutschland, verdiente sein Geld mit Gelegenheitsarbeiten, vor allem in Diskotheken, und dort auch als „break dancer". Die Ehe wurde bald geschieden. William fand schnell eine neue Frau und hatte mit ihr zwei Töchter. Auch diese Ehe ging nicht gut und die beiden trennten sich. William ging dann zurück in die Vereinigten Staaten. Eines Tages erfuhr er, dass seine von ihm getrennt lebende zweite Frau einen neuen Freund habe. Das hat ihn, wie er sagte, „aufgewühlt", so dass er nach Deutschland zurückkam. Wohl nach einer verbalen Auseinandersetzung tötete er dann seine Familie. Bald darauf ist er in Frankfurt auf der Straße verhaftet worden.

Warum er auch die Kinder getötet hatte, konnte William mir nie erklären. Sobald ich das Thema ansprach, lächelte er nur, hob beide Hände in die Höhe und sagte, er habe die Kinder zurück in Gottes Hand gegeben, denn der Nebenbuhler, der neue Freund seiner getöteten Frau, solle sie nicht bekommen. Gegen diesen Mann stieß er all die Jahre Drohungen aus, die sogar in Morddrohungen gipfelten. Williams Tochter aus erster Ehe, die inzwischen erwachsen ist und selbst Kinder hat, kümmerte sich kaum um William. In all den Jahren hat sie ihn nicht einmal besucht. William sprach aber bei jedem meiner Besuche darüber, wie er sie liebte und wie sie ihn liebte, und dass sie natürlich nach seiner Entlassung mit ihm in die USA ginge. Wenn ich ihn vorsichtig darauf aufmerksam machte, dass sie ja überhaupt keinen Kontakt mit ihm suchte, wurde er immer furchtbar wütend und meinte, seine Gefühle seien entscheidend.

Bei weiteren Gesprächen änderte sich mein Eindruck von William. Hinter seiner fast extrem aufgeschlossenen und freundlichen Fassade verbarg sich ein psychisch kranker, ein extrem egozentrischer Mensch. Anfangs bat er um kleine Geschenke wie Illustrierte, Briefmarken, Umschläge und Postkarten. Diese Dinge habe ich ihm gelegentlich geschickt. Bald aber habe ich erfahren, dass er es ablehne, in der Haftanstalt zu arbeiten und deshalb immer knapp bei Kasse war. Darauf angesprochen, gab er offen zu, dass das Arbeiten für ihn zu anstrengend sei und er auch nicht mit anderen Gefangenen zusammen sein wolle. Letzteres Argument hatte seine Ursache wohl darin, dass Gefangene, die im Zusammenhang von Kindesmissbrauch oder Mord an Kindern inhaftiert sind, auf der untersten Rangstufe eines Gefängnisses stehen und jederzeit mit Misshandlungen durch andere Gefangene rechnen müssen. William nahm deshalb auch nie an Gemeinschaftsunternehmen wie Kurse, Gottesdienste usw. teil. Auch beim alljährlichen Sommerfest der Anstalt blieb er in der Zelle und schaute durch sein vergittertes Fenster auf die sportlichen Ereignisse im Gefängnishof. William hielt sich in den Freistunden meist nur im Gang, dicht bei seiner Zelle auf.

Ich erklärte William, dass ich für mein Geld arbeiten müsse und ihm, der nicht arbeiten wollte, nichts mehr schicken würde. Das hat er akzeptiert.

William bezeichnete mich als einzig und allein seinen Freund. Aus seiner Sicht kam ich nur seinetwegen nach Butzbach, denn ich sei sein Freund und zeige volles Verständnis für ihn. Ich jedoch musste immer wieder betonen, dass ich als Christ in das Gefängnis komme und neben ihm viele Gefangene besuche, und zu allen gehe, die es wünschten. Und überhaupt könne ich nicht sein besonderer Freund sein, weil ich seine Tat und die Tatsache, dass er diese noch nicht einmal bereue, tief verabscheue und für ihn bete und die Hoffnung habe, dass er eines Tages seine Sünde erkenne.

William hatte ein besonderes Verhältnis zu Frauen. Er korrespondierte mit allen möglichen Damen, deren Adressen er wohl aus diversen Illustrierten hatte. Bald hatte er eine Dame in Süddeutschland gefunden, die ihn ein paar Mal besuchte und ihn heiraten wollte. Ich war entsetzt, denn die Frau konnte ihn ja überhaupt nicht kennen. Die Hochzeit wurde im Gefängnis angesetzt. Doch, wie ich denke: Gott sei Dank!, etwa zwei Monate vor dem Termin sprang die Dame, angeblich aus gesundheitlichen Gründen, ab. William hat dies ohne ein Zeichen der Enttäuschung weggesteckt und weiterhin mit Frauen korrespondiert. Schon bald, man möchte es nicht glauben, fand er eine ältere Dame aus Norddeutschland, die versprach, mit ihm nach der Entlassung in die USA zu gehen. Sie hatte William ebenfalls nur ein paar Mal in Butzbach besucht!

Weit über einhundert Stunden habe ich mich mit William in all den Jahren unterhalten und versucht, ihm die Schwere seiner Tat sowie das Gefühl für Schuld und Reue zu vermitteln. Gespräche dieser Art schienen ihn nie tiefer zu berühren. Er nannte sich selbst einen Christen, ist wohl auch als Kind, wie meist in den USA üblich, in die Sonntagsschule gegangen. Aber aufgrund seiner extremen Egozentrik ist christliches Gedankengut nie in ihn eingedrungen.

Wenn ich ihm gelegentlich etwas aus der Bibel vorgelesen hatte, notierte er sich die entsprechende Stelle und versprach, den Text in seiner Zelle nochmals nachzulesen. Was er natürlich nur deshalb tat – so vermute ich –, um einen guten Eindruck bei mir zu erwecken. Bis zu seiner bevorstehenden Entlassung bestand William darauf, einen Grund dafür gehabt zu haben, seine Familie zu töten – es sei richtig gewesen und er würde es wieder tun. Er benahm sich, als sei er der Herrgott persönlich, der über Tod und Leben zu entscheiden habe. William wollte keine Macht über sich anerkennen. Ich habe dieses Thema oft angesprochen und durch Beispiele zu variieren versucht, mir selbst mehrfach seelsorgerischen Rat eingeholt – es hat nichts genutzt. William betrachtete es als ein Glück, das Verbrechen in der Bundesrepublik begannen zu haben und nicht in den USA, wo er wahrscheinlich hingerichtet worden wäre.

Trotz der für mich offensichtlichen Ergebnislosigkeit meines Bemühens, William so etwas wie Reue, Schuldgefühl oder die Bitte um Vergebung zu vermitteln, habe ich all die Jahre nicht aufgegeben. Es war oft sehr frustrierend. Vielleicht, ganz vielleicht, so dachte ich, wirkt Gott doch eines Tages in ihm.

William sollte nach knapp dreizehn Jahren Haft, inzwischen war er zweiundfünfzig Jahre alt, vorzeitig entlassen und in die USA abgeschoben werden. Die ältere Dame aus Norddeutschland wollte ihre Wohnung auflösen und ihm in die USA folgen.

Gut eine Woche vor seiner vermutlichen Abschiebung besuchte ich ihn. Ich sagte ihm, ich wolle für ihn beten und hoffe immer noch, dass er eines Tages das Unrecht seiner Tat einsehe und in ähnlicher Situation nicht erneut zum Mörder werde. Am Wochenende nach meinem Besuch wollte ihn seine Freundin besuchen und ihm einen Koffer für seine Sachen bringen sowie Einzelheiten für die gemeinsame Zeit nach seiner Entlassung besprechen.

Während meines letzten Besuches war William fast euphorisch und wies alle meine Bedenken und Ratschläge für die Zeit nach seiner Entlassung lachend zurück. Er sagte, er sei kerngesund, habe sich im Gefängnis gut ernährt und geschont. Meine Bemerkung, wir wüssten nie, was der Herrgott plötzlich mit uns vorhat, berührte ihn nicht. Er meinte, viele Gefangene würden alt und krank in die Freiheit entlassen, er aber sei gesund und munter wie am ersten Tag und habe für seine Tat bezahlt.

Ich habe mich von ihm verabschiedet und gab ihm ein kleines Kreuz. Er versprach, es zu tragen und mir aus den USA zu schreiben. Einige Tage später erhielt ich einen Anruf aus der JVA Butzbach. Eine Sozialarbeiterin sagte am Telefon, sie müsse mir mit Bedauern mitteilen, dass William im Sterben liege. Er sei am Vorabend zusammengebrochen, in das Krankenhaus gebracht und sofort operiert worden. Die Ärzte haben bei ihm einen Gehirntumor festgestellt. Die Operation habe er überstanden, liege aber im Sterben. Einen Tag später war er tot.

Sein Schicksal hat mich sehr betroffen gemacht.

Der Mensch denkt, Gott lenkt ... Vielleicht sollte er die Freiheit und das Leben nicht genießen dürfen, das Leben, das er seiner Frau und den beiden kleinen Kindern nicht gegönnt hat.

Die JVA gab mir die Telefonnummer seiner Tochter aus erster Ehe. Sie war die einzige erreichbare Verwandte und bekam nun die Aufgabe, für seine Beerdigung zu sorgen. Auf dem Frankfurter Hauptfriedhof wurde William an einem sonnigen Morgen beigesetzt. Ich bin hingegangen.

Kevin, Australien

Kevin, etwa Anfang vierzig, habe ich in meiner Bibelstunde kennengelernt. Kevin stammte aus einer Familie, die von Kroatien nach Australien ausgewandert war. Nach der Schule hatte er den Beruf des Schweißers gelernt. Seine Spielleidenschaft jedoch brachte ihn schon bald auf die schiefe Bahn. Er begann, mit Drogen zu handeln und diese auch als Kurier zu transportieren. Dabei war er aufgefallen und musste eine dreijährige Gefängnisstrafe in Kanada verbüßen. Wieder in Freiheit, brachte ihn seine Spielleidenschaft erneut mit dem Gesetz in Konflikt. Auf dem Frankfurter Flughafen wurde er verhaftet und später zu sieben Jahren Gefängnis verurteilt. Bis sein Urteil rechtskräftig geworden war, musste er in Weiterstadt in U-Haft bleiben.

In der Bibelstunde nahm Kevin aktiv an den Diskussionen teil. Er wusste viel, nicht zuletzt deshalb, da er – wie er erzählte – in dem kanadischen Gefängnis längere Zeit an Bibelstunden teilgenommen hatte. Die Bibel bedeutete für ihn wohl aber nur Wissensstoff, für sich selbst nahm er die christliche Lehre nicht an. Er war in der Haftanstalt als gewalttätig bekannt und musste zeitweise in den „Bunker".

Nachdem er von Weiterstadt nach Butzbach verlegt worden war, bot ich ihm an, ihn auch dort zu besuchen. Er ließ mir mitteilen, dass er darauf keinen Wert mehr lege. Durch andere Gefangene in Butzbach ist mir zugetragen worden, dass Kevin im Gefängnis schon wieder Pläne für einen Drogenhandel schmiedete. Mit spanischen Gefangenen diskutierte er die Möglichkeit, mit Segelbooten Drogen über das Mittelmeer zu schmuggeln.

Dass Drogen die Gesundheit und das Leben anderer Menschen zerstören, hat ihm nicht eingeleuchtet. Seiner Ansicht nach nahmen die Menschen freiwillig die Drogen und zahlten dafür. Der Staat mit seinen Gesetzen triebe nur den Preis für Drogen in die Höhe, und das machte es reizvoll für Leute wie ihn, wegen des Verdienstes das Risiko zu suchen. Er war nicht davon anzubringen – Hoffnungslos!!!

Und viele andere Häftlinge

Ich könnte jetzt noch viele weitere Schicksale anführen, möchte es jedoch bei den gegebenen Beispielen belassen. Ich denke oft an Mark, der nicht viel älter als zwanzig Jahre war und drei Banken überfallen hat. Niemand ist zu Schaden gekommen; Mark wurde zu siebzehn Jahren Haft verurteilt. Siebzehn Jahre – manchmal denke ich über Gerechtigkeit nach. Das ist eine lange, lange Haftzeit.

Mark ist in der DDR groß geworden. Vom lieben Gott hat er da wohl nichts gehört, und es ist mir in vielen Jahren nicht gelungen, ihm die Vorstellung von einem höheren Wesen, von Gott, der über ihm steht, zu vermitteln. Es gab für Mark immer nur ihn selbst und die Umwelt, mit der er und nur er sich auseinandersetzen musste.

Ich denke auch an Gösta in der U-Haft. Gösta ist Schwede, Buchhalter, und saß wegen Manipulation von Büchern im Zusammenhang mit einem sogenannten Finanzskandal in Haft. Er schaute mich immer skeptisch an, wenn ich von Gottes Liebe gesprochen habe; eines Tages ist er dann nicht mehr gekommen.

Ich denke auch an John aus Ghana und Mike aus Belize, beide mit britischem Pass und Familie in Großbritannien. Sie saßen wegen des Transports von Drogen ein, hofften auf Verbüßung der Reststrafe in Großbritannien und wurden eines Tages von der JVA Weiterstadt in andere Gefängnisse verlegt. Ich habe nichts mehr von ihnen gehört. Ich denke an viele andere, die wieder „draußen" sind oder noch „einsitzen".

Ich hoffe, dass sie alle etwas von Gottes Wort in ihr weiteres Leben mitgenommen haben. Aber wenn auch nur bei einem Einzigen all „meiner" Häftlinge durch mich ein Wort Gottes auf fruchtbaren Boden gefallen ist, dann hat sich meine Arbeit im Besuchsdienst gelohnt.

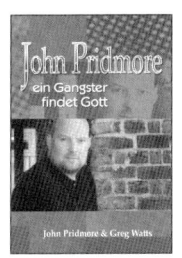

Empfehlenswerte Bücher und Kleinschriften

John Pridmore – ein Gangster findet Gott
John Pridmore/Greg Watts
In London als Sohn eines Polizisten 1964 geboren, gerät John mit 11 Jahren in schlechte Gesellschaft. Ladendiebstahl, Einbruch, Drogen, Gefängnis und im Anschluss daran eine weitere „Karriere" als Krimineller und Türsteher in Nachtclubs folgen. Als er ganz unten ist, erlebt er eine gewaltige Bekehrung, findet Gott und wird Apostel. 240 Seiten; € 10,–

Vergebung – eine göttliche Medizin
Sr. Usha SND
Schwester Mary Usha SND wirkt seit Jahrzehnten auf dem Gebiet der inneren Heilung in vielen Ländern. Der Weg zur Inneren Heilung führt über die Vergebung, wie Schwester Usha anhand von kurzen Beispielen aus ihrer indischen Heimat aufzeigt. Schritt für Schritt nimmt sie uns mit auf den Weg der Vergebung. Mit verschiedenen Heilungs-, Segens- und Befreiungsgebeten sowie einer Litanei zum Heiligen Geist. 48 Seiten; € 2,–

Mutter Teresa – ein Zeugnis selbstloser Liebe
Paul-H. Schmidt
Ein liebevoller Abriss des Lebens der heiligmäßigen Frau aus Kalkutta, die am 19. Oktober 2003 seliggesprochen wurde. Durch viele Zitate findet man einen persönlichen Zugang zu ihrem Wesen. Wie kaum ein anderer Mensch unserer Tage verkörperte die Ordensgründerin und Friedensnobelpreisträgerin eindrucksvoll die Einheit von Beten und Handeln. Die Neuauflage wurde mit einer Novene erweitert, die auf dem Leben und der Spiritualität Mutter Teresas basiert. 64 Seiten; € 2,50

Im Schatten Luzifers
Karl Pakocs
Ein Roman, der als Kulisse das bunte Mittelalter hat. Er schildert das Leben zweier junger Männer, die in den Orden eintreten und ganz verschiedene Wege gehen. Fesselnd wird das Ringen zwischen Tugend und Stolz geschildert. Spannungsgeladen, spirituell und psychologisch meisterhaft erzählt, für Alt und Jung bereichernd und lehrreich! 240 Seiten, broschiert; € 6,–

Leben aus Gnade
Alan Ames
Aus zahlreichen Ansprachen Alans auf fast allen Kontinenten liegt hier eine spannende Zusammenfassung seiner vom Hl. Geist inspirierten Vorträge vor, ergänzt durch Interviews, die seine Kindheit und Jugend beleuchten. Den Schlussteil bilden Fragen von Zuhörern. Wer wissen will, was man tun kann, um Heilung, Liebe und ein neues Leben zu finden, bekommt mit diesem Buch eine spannende, lebensnahe Anleitung in die Hände. Aber Vorsicht: Dieses Buch kann Ihr Leben verändern – positiv! 224 Seiten; € 10,–

Hl. Johannes Franz Régis – Erneuerung durch Hingabe
Georges Guitton
Der Autor zeichnet liebevoll das Leben dieses großen Volksmissionars und Jesuiten (1597–1640) nach, an dessen Grab schon der hl. Pfarrer von Ars Gebetserhörung fand. Sehr eindrücklich sind die Berichte, wie er Kranke heilte, Brot vermehrte, Sünder bekehrte und sich mit einer ganz besonderen Liebe der Ärmsten der Armen annahm. Mit vielen farbigen Bildern vom Wirkungsort des Heiligen. 256 Seiten; € 10,–

Maria Bertilla – Eine Heldin der Caritas
Benedikt Stolz
Dies ist die Biographie der hl. Maria Bertilla Boscardin (1888–1922), die aus ärmlichen Verhältnissen in Italien stammte und ihr Leben als „Schwester der hl. Dorothea" im Dienst an den Kranken verbrachte. Ihre enge und tiefe Verbindung mit Christus war das Geheimnis ihres Lebens und ihrer Hingabe. 1961 wurde sie heiliggesprochen. Eine wenig bekannte, aber große Heilige und Fürsprecherin! 136 Seiten; € 4,–

MIRIAM ⚓ VERLAG

Brühlweg 1 · D-79798 Jestetten
Tel.: 0049 (0) 77 45 / 92 98 30 • Fax: 0049 (0) 77 45 / 92 98 59
E-Mail: info@miriam-verlag.de
Internet: www.miriam-verlag.de